www.traumstunden-verlag.de

Kinder, Katzen, Katastrophen

Wer kennt sie nicht, diese kurzen Geschichten, die aus dem Leben gegriffen sind. Dabei kommt es nicht immer darauf an, dass sie lehrreich sein müssen oder uns etwas für „später" mit auf den Weg geben. Manchmal sind es die kleinen Sachen, an die wir – vielleicht mit einem Schmunzeln, vielleicht auch mit einer kleinen Träne – zurückdenken.
Unsere 13 Autoren haben hier tief in die Kiste gegriffen, um uns mit ihren, aus dem Leben gegriffenen, Geschichten ein paar vergnügliche und ab und zu auch nachdenkliche Lesestunden zu verschaffen.

Dafür möchten wir uns bei jedem Einzelnen herzlich bedanken.

Kinder, Katzen, Katastrophen

Frühjahrsanthologie

Bibliografische Information der Deutschen Bibliothek

Die Deutsche Bibliothek verzeichnet diese Publikation in der Deutschen Nationalbibliografie.

Detaillierte bibliografische Daten sind im Internet über http://dnb.ddb.de abrufbar

veröffentlicht im Traumstunden Verlag Essen Britta Wisniewski

1. Auflage März 2012

Alle Rechte vorbehalten
Nachdruck, auch auszugsweise, verboten
Kein Teil dieses Werkes darf ohne schriftliche Einwilligung
des Verlages in irgendeiner Form (Fotokopie, Mikrofilm
oder ein anderes Verfahren) reproduziert oder
unter Verwendung elektronischer Systeme verarbeitet,
vervielfältigt oder verbreitet werden

Satz: Traumstunden Verlag
Umschlaggestaltung: Bagelo Art, Hamburg
Druck und Bindearbeit SOWA Druck, Polen

ISBN 10: 3-942514-21-7
ISBN 13: 978-3-942514-21-7

www.traumstunden-verlag.de

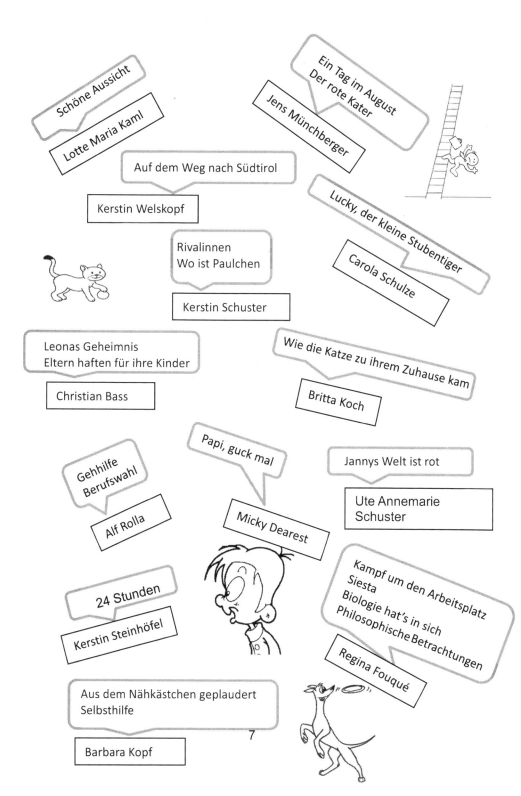

Inhalt

Kampf um den Arbeitsplatz	11
Siesta!	18
Biologie hat's in sich	19
Leonas' Geheimnis	22
Eltern haften für ihre Kinder	27
Aus dem Nähkästchen geplaudert	33
Janny' s Welt ist rot	36
Auf dem Weg nach Südtirol	45
Ein Tag im August	53
Schöne Aussicht	72
Lucky, der kleine Stubentiger	76
Rivalinnen	82
Wo ist Paulchen?	91
Wie die Katze zu ihrem Zuhause kam	101
Philosophische Betrachtungen	103
Gehhilfe	105
Selbsthilfe	107
Berufswahl	111
Papi guck mal!	114
24 Stunden	123
Der rote Kater	136

Kampf um den Arbeitsplatz

Eine heiter-satirische Geschichte um die Leiden einer Katzenbesitzerin, um einen Autoren-Höhenflug nebst unsanfter Landung in der Realität.

Mein augenblickliches Bestreben ist, diesen freien Tag zu nutzen. Palatschinken - ein Eierkuchenteig - steht angerichtet neben dem Herd, kann ich später ausbacken. Noch quält mich nicht der Hunger. Mein Sinnen und Trachten ist der Weiterführung meines Romans gewidmet.
Schon durchzuckt mich ein erster Geistesblitz. Gekonnt formuliere ich in Gedanken die Fortsetzung meiner Geschichte. Bevor mich das Telefon oder sonstige Störung ereilt und mein Text aus den derzeit übereifrig funktionierenden kleinen grauen Zellen entschwindet, lenke ich hastig meine Schritte zu Kugelschreiber und Papier. Beides auf dem Schuhschrank in der Diele zu finden. Fragmentarisch halte ich meinen geistigen Höhenflug fest. Mein Blick trifft sich im Spiegel. Von einer Aureole aus Licht umflutet, lächelt mir daraus mein Gesicht huldvoll, überaus vergeistigt entgegen.
"So also sehen Genies aus", denke ich höchst selbstzufrieden. Die sonnenumflutete Aura erinnert mich an die heilige Jeanne d' Arc.
„Ja!" stelle ich begeistert fest, diese Aura kleidet mich angemessen gut. Dass die im Spiegel reflektierenden Sonnenstrahlen höchst unscharf die Konturen meines Gesichtes und einiges mehr wiedergeben, übersehe ich dabei großzügig.

Der angestaute Gedankenfluss drängt aus mir heraus. Ich eile schnellstens zum Schreibtisch, werfe den Rechner an. Meine Fingerspitzen klopfen ungeduldig auf die Holzplatte des Tisches. Der Rechner lahmt, hat sich gegen mich verschworen, wie üblich, wenn

mein sorgsam gehütetes Gedankengut konserviert werden möchte. Da, endlich, nach einer Ewigkeit bietet er mir, ungerührt ob meiner Ungeduld, das Menü von Word an. Ein Klick auf die Maus und pflichtschuldig öffnet er die Datei. Wonnig aufseufzend lege ich los. Redewendungen, Personen-, Landschaftsbeschreibungen, einfach köstlich formuliert, strömen nur so aus mir heraus. Ich lächle ein überaus überglückliches, zufriedenes Lächeln.
Und es wird immer besser!
Satzbildungen, philosophische Einlagen, - Platon würde vor Neid erblassen, reihen sich in wunderbarer Sprachmelodie, sichtbar auf dem Bildschirm, aneinander.
Verzückt überprüfe ich den Text. Voller Rührung über soviel Talent, das von mir bisher unentdeckt in mir schlummerte, überfliege ich ihn nochmals.
Zwei Tränen tropfen aus meinen Augen, benetzen meine Brille und verstellen mir kurzfristig die Sicht auf den Monitor und einiges andere. Doch eine so pragmatische Handlung, wie Brilleputzen, kann meine Selbstherrlichkeit, in der ich genußvoll schwelge, keineswegs beeinträchtigen.
Doch schon naht das Unheil!
Ein schwarzes Fellbündel ist mir unbemerkt gefolgt, streift nun um meine Beine, reibt liebeshungrig, Aufmerksamkeit erheischend, seinen miniaturisierten Pantherkopf an meinen Waden. Pflichtschuldig langt meine rechte Hand unter den Schreibtisch und krault den kleinen Haustiger. Angezogen durch soviel liebevolle Zuwendung, setzt er zu einem eleganten Sprung an und landet gekonnt mitten auf dem Schreibtisch. Ich registriere es aus den Augenwinkeln und lasse mich nicht stören.
Auf dem Bildschirm fällt mir ein Satz ins Auge. Zwei Seiten zuvor, hatte ich da nicht Gegenteiliges behauptet?
Nichts einfacher als das - nachforschen, überprüfen. Kein Problem, der Ordner mit dem Manuskript liegt aufgeschlagen vor mir. Nur

darauf hat sich gerade das domestizierte Raubtier niedergelassen.
Ich versuche an die anvisierten Seiten zu gelangen, indem ich vorsichtig den Katzenkörper von der Mappe schiebe.
Ein missmutiger, äußerst ungnädiger Blick aus großen, schrägen, gelbgrünen Katzenaugen trifft mich.
Ich versuche es andersherum, ziehe die Mappe unter ihm hervor. Meine Mühe entlockt ihm ein müdes Gähnen, er präsentiert einschüchternd sein nadelscharfes Gebiss. Dann endlich habe ich das Katzenhindernis umgangen.
Frohgemut blättere ich die Seiten um. Siehe da, auch die gesuchte Seite ist, schneller als gedacht, gefunden. Doch von hinten schiebt sich eine krallenbewehrte Pfote auf das Papier, eine zweite folgt.
Lucky blättert mit!
Nimmt, als es nicht schnell genug geht, seine Zähne zur Hilfe. Ratsch, anstelle des erfolgreich aufgespürten Absatzes, ist plötzlich ein leerer Keil entstanden. Ein schwarzes Loch gähnt mir entgegen. Dümmlich sehe ich dem Stück Papier hinterher, das aufreizend langsam im Katzenmaul verschwindet und von winzigen scharfen Zähnen, völlig zernagt nach einer Weile, angewidert ausgespuckt wird.
"So toll war das nicht!" Der Kater reckt sich, dreht sich herum und mustert mich vorwurfsvoll. Ich staune ihn mit offenem Mund an.
„Na, nach dem ersten Arbeitsanfall, nicht mehr viel los mit dir? Was?" Konsterniert glätte ich die ausgerupfte Seite. Stelle wehmütig fest, besagter Textabschnitt ist unrettbar verloren. Muss ihn erneut ausdrucken, die nächste, vom Katzenspeichel gut durchfeuchtete Seite, sicherheitshalber gleich mit. Tröste mich, könnte schlimmer sein.
Derweil wendet mir der Frechling seinen Rücken zu, putzt seinen Allerwertesten. Seine mangelnde Aufmerksamkeit sollte ich ausnutzen, drucken kann ich später noch. Sind mir doch eben zwei neue, schwungvolle Sätze eingefallen. Die gebe ich rasch in den

Computer ein. Beschwingt fliegen meine Hände über die Tasten. Kater Lucky, wirft mir einen langen Blick voller Abneigung zu, macht Anstalten zu verschwinden.
"Wo geht der Kerl denn jetzt bloß hin? Aha!"
Der Bildschirmschoner hat sein Interesse geweckt. Milliarden von Sternenhaufen ziehen inmitten fremder Galaxien an ihm vorüber.
Enterprise für Katzen!
Er tappt albern nach ein paar Sternchen. Die lassen sich zu seinem Ärger nicht erlegen. Außerdem fehlt Spock, der Vulkanier. 'Vielleicht hat der sich gerade um die Ecke gebeamt?' Sein dicker Kopf wandert unternehmungslustig um den Bildschirm herum, 'Nein, da ist er auch nicht'.
Kater Lucky beschnuppert die seltsamen weißen Gebilde, die aus dem Terminal heraushängen. Er niest angeekelt. Dann wandert er weiter. Prompt drückt er seinen Pelz durch den fünf Zentimeter breiten Spalt, zwischen Monitor und Wand. Dem Ansturm des dicken Popos sind die Geräte nicht gewachsen. Der Drucker wandert ein wenig zur Seite. Vorn auf dem Monitor erlischt die Stand-by-Anzeige.
Auch das noch!! Offensichtlich hat die kleine pelzige Nervensäge ein Kabel erwischt! Fachmännisch fummle ich an der Kabelverbindung zwischen Drucker und Bildschirm herum.
Erfolglos!
Kein noch so sanftes grünes Glühen verweist auf den wieder geschlossenen Stromkreis. Wutentbrannt gleite ich tiefer, dahin, wo unter dem Schreibtisch das Mysterium diverser Tischstecker sein Dasein fristet. Ungnädig schubse ich die wegverstellenden Ordner zu Seite. Der Schaden liegt vor mir. Tatsächlich hat das haarige Katzenmonster einen Stecker gelöst. Der Kontakt wird hergestellt. Frohgemut tauche ich aus der Unterwelt wieder auf. Nun ist der Schreibtischsessel besetzt!
Der Komfort, eines ergonomisch geformten Sessels, hat noch einen

anderen Liebhaber gefunden. Auf gut Deutsch: Mein Platz ist anderweitig vergeben. Selbstbewusst, in der Hierarchie des Hauses an erster Stelle rangierend, liegt dort selig schniefend, zusammengerollt wie eine Bratwurst, Lucky der Kater!
Da meine Ausgangsposition von vornherein negativ belegt ist, lasse ich es auf einen Kampf nicht ankommen.
Seufzend trotte ich in die Küche, ordere einen ungemütlichen, hölzernen Küchenstuhl. Da wäre noch die Sitzhöhe zu klären. Schreibtisch ist auf ein Kind von 1,80 Meter zugelassen. Mir bietet die Schreibtischoberfläche gerade mal eine annehmbare Kinnstütze. Wie ich feststelle, unzweifelhaft eine falsche Perspektive zum Monitor. Ein Kissen muss her, um den Höhenunterschied auszugleichen. Vorsichtig, um das Untier nicht zu stören und damit erneute Attacken auf meinen Arbeitsplatz heraufzubeschwören, schiebe ich mich mit Küchenstuhl und Kissen an den Schreibtisch heran. Endlich geschafft, ich sitze! Ich seufze befreit, innerlich laut auf. Das schwarze Fellbündel an meiner Seite rührt sich nicht. Glücklich fließen die nächsten Sätze leicht und locker aus mir heraus, manifestieren sich auf dem Bildschirm, werden zu blumigen Worten. Gefangen genommen von meinen Geistesblitzen, entgeht mir die erneute Eroberung des Schreibtisches. Erst als sich ein liebeshungriges Pelzgesicht, laut schnurrend wie eine verrostete Nähmaschine, in meine Armbeuge schiebt, bemerke ich den kleinen Unhold. Er reibt sein Köpfchen an meinem Gesicht. Wer wohl könnte da wohl widerstehen? Voller Rührung streichle ich das Katzenvieh, das unerwartet rasch von der Zuwendung genug hat und sich im Rückwärtsgang, wieder auf dem Ordner zu plazieren gedenkt. Er bleibt einen Augenblick überlegend stehen, tapst nochmals näher an mich heran. Ein seelenvoller Blick trifft die versenkbare Tastatur, ein ewiges Objekt seiner Begierde. Und schon, noch bevor ich das versenkbare Keyboard in Sicherheit bringen kann, strecken sich seine Vorderpfoten gleichsam lustvoll Besitz ergreifend nach den

Tasten aus. Um Schlimmes zu verhüten, löse ich mit einer Hand die Arretierung, die andere hefte ich abwehrbereit an des Katers Brust. Zu spät!
Die restliche Katze entert gerade siegesgewiss, mit allen vier Pfoten, das Board. Unter lautem Gezeter schmeiß ich den Mistkerl vom Tisch. Gleichzeitig erwischt mein Ellenbogen den, wie üblich, prall gefüllten Locher, der sein buntes Konfetti verschwenderisch auf dem Parkett verteilt.
Ich verdamme das schwarze Ungeheuer in sämtlichen, mir zur Verfügung stehenden Tonarten. Der Kater mustert mich beleidigt, wirft einen sekundenlangen Blick auf die malerisch verteilten Schnipsel auf dem Boden. Spielerisch tapst er ein paar Mal nach ihnen. Dann beginnt er sich mit hoheitsvoller Miene zu putzen. Ich seufze ausgiebig. Das Entfernen der Kampfspuren muss warten.
Plötzlich bemerke ich eine Veränderung am Bildschirm. Meine Augen werden starr vor Entsetzen. Fast setzt mein Herzschlag aus. Da prangt in großen Lettern, der Albtraum aller Computerfans …
System Error!
Ich versuche es zunächst mit 'Speichern'. Der Befehl wird verweigert. Verzweifelt hacke ich auf der Entertaste herum. Nichts tut sich!
„Verdammte Schei.......!"
Ein Blick zum Himmel. „Großer Weiser, habe Nachsicht mir mir."
Was tun? Selbst die Maus verweigert ihren Dienst, hat sich aufgehängt. Zitternd stelle ich den Rechner ab, um ihn Sekunden danach wieder hochzufahren. Ungeduldig erwarte ich das Öffnen des Menüs, gehe in die Datei. Ein Hoffnungsstrahl am Horizont! Der Buchtitel 'Gäas Kinder' erscheint. Dem Himmel sei Dank! Das Manuskript scheint nicht verloren. Heftig aufatmend aktiviere ich den Befehl … „Gehe zu"…
Gebe die zuletzt bearbeitete Seite an. Das war einmal Seite 162. Doch, mir wird nur Seite 150 präsentiert! Überzeuge mich anhand

der bereits ausgedruckten Seiten, ob ich wahrhaftig die richtige Seite angegeben habe. Doch, ja, die Seitenzahl stimmt! Aber Seite 162 und nicht 150 sollte es sein. Langsam breitet sich nackte, kalte Angst in meinem Inneren aus. Mutlos fahre ich mit dem Cursor ans Ende.
Seite 150!
Danach grinst mich höhnisch die fleckenlose jungfräuliche Leere eines unbeschriebenen Blattes an. Nur der Cursor zwinkert und blinkt mir spöttisch zu. Aus den tiefsten Schichten meines Unterbewussten schiebt sich plötzlich mühelos eine Erinnerung empor. Irgendwann einmal in grauer Vorzeit hat mir jemand erzählt: 'geschmorte oder gebratene Katze schmeckt genauso gut wie Karnickelbraten!'

Siesta!

Sonntagnachmittag: Siesta im Schlafzimmer meiner Mutter. Mit beiden Händen umklammere ich die dicke Wochenendausgabe meiner Tageszeitung. Stelle kampfbereit meinen Geist auf die Lektüre ein. Doch zunächst einmal gleitet mein Blick auf das vor dem geöffneten Fenster, Richtung Garten hängende Futterhäuschen.
Amüsiert schaue ich den eiligen Meisen zu: Futterhaus im Sturzflug angeflogen, Nuss im Schnabel, am nächsten Baum, auf magenfreundliche Größe zerkleinert.
Da, ein besonders kesses Meisenfräulein wirft einen langen, interessierten Blick, zunächst aus sicherer Position des Häuschens spähend, auf das offen stehende Fenster.
Ein kurzer Flügelschlag, und Fräulein Meise sucht, nun auf dem Fensterbrett harrend, mit flinken geübten Blicken das Zimmer ab. Schaut überlegend auf die Zeitung in meinen Händen. Erneuter Flügelschlag und die kleine Dame nimmt auf dem oberen Zeitungsrand Platz. Angewidert streift sie den politischen Teil. Sich elegant in den Meisenhüften wiegend erspäht der kleine Vogel die Quelle der Futterhaus-Nüsse. Die Attacke auf die Schüssel lässt nicht lange auf sich warten. Genüsslich macht sich das Meisenmädchen ans Werk. Ab und zu gleitet ein freundlicher Blick aus schwarzen Meisenaugen in Richtung fauler Menschendame. Endlich ist das Vogelmädchen satt und wohl gerundet. Abschied nehmend umkreist das vorwitzige Meislein die Hängelampe und saust dann endgültig, durch das offene Fenster in Richtung Tannenwäldchen im Garten.
Ein letztes Schmunzeln meinerseits, und ich beginne endlich mit der Lektüre meiner Tageszeitung.

Biologie hat's in sich

Ich sehe sie immer noch deutlich vor mir: Meine Großmutter im Alter von siebenundsiebzig, Gesicht und Arme braun gebrannt vom häufigen Aufenthalt im Freien. Ihr Schopf mit den kurzen grauen Locken, gebeugt über das Blondhaar ihrer fünfjährigen Urenkelin. Sie knien nebeneinander im Garten.
Geduldig führt meine Großmutter, die kleinen Hände meiner Tochter von Blumentopf zu Blumentopf, um sie mit frischer Erde zu füllen. Schon seit Tagen sind sie dem Geheimnis von Erbsen- und Linsenkeimlingen auf der Spur. Vor zwei Wochen hatte ihre erste biologische Versuchsreihe begonnen. Sorgsam in feuchte Watte gehüllte, grüne Schösslinge, durchstießen nun endlich die Zellulose. Vor staunenden Kinderaugen entfalteten erste, winzige Blättchen ihr zartes Grün auf dem Fensterbrett der urgroßmütterlichen Wohnung. Nun ist es soweit! Uromi und Urenkelin setzen die kleinen Pflanzen vorsichtig in die lockere Erde der Tontöpfe. Die Feinarbeit strapaziert endgültig die Geduld meiner Tochter. Das Festdrücken der Erde um die filigranen Blätter übernimmt vorsichtshalber die Uromi in eigener Regie.
Wenig später blicken wir meiner Tochter Tatjana hinterher, die im Schnellgang die Schinkelstraße hinauf springt.
Aber lassen wir doch nun meine Tochter selbst erzählen:

Na, ja, wie Mutti schon sagte, trat ich gebückt unter der Last meiner fünf Jahre und der schweren Blumentöpfe den Heimweg an.
Endlich war unsere erste Versuchsreihe geglückt!
Hat mich aber auch eine Menge Zeit und Geduld gekostet, die Erbsen und Möhren - Pardon: Erbsen und Linsen -, bei ihrem zeitlupenartigen Wachstum zu begleiten. Und siehe da, dank Uromi brachte ich diese Geduld zum Erstaunen meiner miesepetrigen

Mutter auch tatsächlich auf.
Die im Blumentopf vergrabenen Endprodukte, die Sprösslinge, ach nee, heißen ja Schösslinge, trug ich nun voller Stolz nach Hause. Heute Morgen hatte ich dem Zuwachs einen schönen, lichten Platz auf der Fensterbank meines Kinderzimmers freigeschaufelt. Sonst trieben sich da meistens einige meiner Spielsachen herum. Wie man weiß, führen Puppen und Autos in einer Kinderstube meist in der Nacht ein Eigenleben.
Mit der Ermahnung, „Nun zeigt endlich, was in euch steckt", stellte ich die Winzpflänzchen ans Balkonfenster, schob noch vorsichtshalber ein freundliches „Hoffe dass es euch hier gefällt und herzlich willkommen" nach.
In den nächsten Tagen wartete ich höchst ungeduldig darauf, dass die Pflanzen an Länge und Gewicht zunahmen, um sich zu den zu erwartenden Bäumen mittlerer Größenordnung zu entwickeln. Aber außer einigen Ranken mit kümmerlichen Blättchen tat sich nichts.
Das brachte mich auf die Palme. Ich musste irgendetwas verkehrt machen. Aber wozu sind die Erwachsenen da!
Ich holte ich mir Rat bei Uromi - die ist nämlich die Schlauste in der Familie - bezog sogar, wenn auch innerlich zweifelnd, Mutti mit ein. Die hat nämlich die wenigste Ahnung vom Gärtnern. Aber schließlich durfte ich sie nicht so mir nichts dir nichts übergehen, das konnte böse Spätfolgen haben.
Aber die beiden gaben nur solchen Schwachsinn von sich, wie: „Du musst Geduld haben. Bist ja auch nicht gleich so groß geboren worden!"
Typisch Erwachsene. Als ob *ich* eine Pflanze wäre.
Der Erfolg dieser Versuchsordnung hing also ganz allein von mir ab.
Aber was war zu tun? In den nächsten Stunden konzentrierte ich mich ausschließlich - naja, nicht so ganz, musste auch mal zum Spielen raus - auf dieses Problem. Das brachte mir trotzdem nicht den erhofften Erfolg. Schlau wie ich bin, fiel mir dann irgendwann

ein: Uromi pflegt doch den Garten von Zeit zu Zeit umzugraben. Genau, das musste es sein!
Flugs holte ich mir einen großen Löffel aus der Küchenschublade. Und frisch ans Werk!
Von nun an wurden die Blumentöpfe täglich von oben nach unten gestülpt. Bald wagte ich kaum noch hinzusehen. Ranken und Blättchen ermatteten sichtlich unter meinen Erdbewegungen. Sie lagen bald welk und farblos ganz oben auf den Töpfen. Verflixt, hier lief etwas völlig aus dem Ruder!
Mein Ehrgeiz tröpfelte nur noch. Der stetige Kampf ums Überleben der Sprösslinge schlauchte. Zum Glück machte Mutti, die schon seit Tagen wie eine räudige Katze um mich herum schlich, endgültig meinen aufopfernden Anwandlungen den Garaus.
Schonungslos erklärte sie mir, dass *ich* die kleinen Pflanzen umgebracht hätte. Sie machte mich darauf aufmerksam, dass sie, um zu gedeihen, viel Ruhe, Sonne und nur ganz wenig Wasser brauchten. Großherzig bot sie mir an, eine neue Versuchsreihe zu starten.
Obwohl gerührt über ihr Angebot winkte ich energisch ab. „Nee, nur das nicht." Letztendlich kam ich zu dem Schluss, dass ich meine Talente zukünftig wohl eher auf einem anderen Gebiet fördern sollte.

Leonas' Geheimnis

In rötlichen Strahlen erwachte die Sonne über der Steppe zum neuen Leben, tauchte die karge Graslandschaft in ein glühendes Licht, welches die Nachtjäger vertrieb und die Tagesbewohner langsam erwachen ließ.
So auch Leonie, die kleine Löwin. Sie lag eng an ihren Zwillingsbruder gekuschelt im Schoß ihrer Mutter. Wie immer, schlug sie ihre Augen als Erste auf, selbst ihre Mutter und ihre Tanten erholten sich noch von der letzten Jagd.
Noch ganz verschlafen schaute sie sich nach ihrem Bruder um, und zu ihrer Überraschung räkelte er sich bereits und würde schon sehr bald seine Augen öffnen, um den neuen Tag zu begrüßen. Das war normalerweise ganz und gar nicht seine Art. Für gewöhnlich konnte man ihn kaum wach bekommen und selbst wenn er denn dann wach war, gähnte er fast den ganzen Tag und alles schien ihm immer viel zu anstrengend zu sein, eben ganz wie ihr Vater.
Ihre Mutter hatte ihr einmal erzählt, dass es daran lag, dass der Papa ja über die Tiere der Steppe herrschen müsse und das sei eine sehr schwierige und anstrenge Aufgabe, die ihr Bruder eines Tage würde übernehmen müssen.
Leonie hatte ihre Mutter zwar nicht wirklich verstanden, doch das störte sie eigentlich auch nicht. Sie wollte toben und jagen, eben alles ganz genauso machen, wie ihre Mutter und ihre Tanten.
Doch an diesem Morgen schien alles anders zu sein. Leonas erwachte schon kurze Zeit nach ihr und während sie noch den neuen Tag bewunderte, sprang er auf und rannte wie von einer Tarantel

gestochen ins hohe Gras hinein, nur um gleich darauf noch einmal hervor zu kommen.

„Was ist nun, du Schlafkatze, kommst du?" Seine Augen zeigten keine Spur mehr von Müdigkeit, eher das Gegenteil: frech und munter blickten sie sie an.

„Was? Wohin denn? Du weißt doch, wir sollen nicht alleine zu weit weg von den anderen gehen, und schon gar nicht ins hohe Gras." Leonie gefiel es ganz und gar nicht.

„Dann geh ich eben alleine!"

„Nein, warte! Ich komme ja schon!" Sie wollte nicht, alles in ihr sträubte sich dagegen, doch noch viel weniger konnte sie es verantworten, dass er alleine ging. Was wenn ihm etwas passierte? Immerhin war er ja der zukünftige König.

Außerdem hatte er sie neugierig gemacht. Also sprang sie auf und rannte ihm hinterher. Gemeinsam tobten und sprangen sie immer weiter dem neuen Morgen entgegen und entfernten sich dabei immer weiter von ihrer Sippe.

Leonas trieb sie an, wenn sie eine kurze Pause einlegen wollte oder rief sie zurück, wenn sie ihm zu weit voraus preschte. Es machte sie langsam wütend. Er war ihr Bruder und benahm sich bereits so, als wäre er ihr König.

Und dann ganz plötzlich unter einem flammenden Baum blieb er stehen, so abrupt, dass Leonie gegen ihn prallte und sie beide noch ein kurzes Stück weiter rollten, bevor sie am Rande des hohen Grases zum Liegen kamen.

„Was...!" Noch bevor sie richtig protestieren konnte, ermahnte Leonas sie bereits, jetzt ganz still zu sein.

Er sprach kein Wort, doch sie glaubte seine Stimme in ihren

Gedanken zu hören, was aber auch an dem vorwurfsvollen Blick liegen konnte, den er ihr zuwarf.

Er richtete sich auf und schlich dann geduckt näher an den Baum heran. Leonie tat es ihm nach. Sie mussten gar nicht weit gehen, bis sie entdeckte, was er ihr zeigen wollte.

Tief im Schatten des Baumes schlief ein klitzekleines Antilopenbaby, welches erst vor kurzem zur Welt gekommen sein musste. Doch von der Mutter fehlte jede Spur, zumindest konnte Leonie sie nirgendwo entdecken.

Während Leonas im hohen Gras versteckt liegen blieb, um das Neugeborene zu beobachten, entschloss sich Leonie zu dem Baby zu schleichen, damit sie es aus der Nähe betrachten konnte. Etwas derart Wundervolles hatte sie noch nie gesehen.

Noch bevor ihr Bruder sie aufhalten konnte, stand sie auf und schlich aus dem hohen Gras heraus. Doch noch bevor sie das klitzekleine süße Antilopenbaby erreichte, wackelte die Erde und ein donnerartiges Geräusch ertönte.

Starr vor Schrecken blieb sie stehen, schaute sich um, und da sah sie sie. In ihrer Neugierde hatte sie die in der Nähe grasende Herde, die Familie des Babys, übersehen, die sich nun in Bewegung setzte, um ihr neues Mitglied vor der vermeintlichen Gefahr zu schützen.

Leonie ahnte die Gefahr, sie wußte, sie sollte besser fliehen, doch noch immer saß ihr der Schrecken in den Knochen und sie konnte sich nicht bewegen.

Instinktiv duckte sie sich, schloss ihre Augen und wartete vor Angst zitternd auf das Eintreffen der Antilopen, doch dann, plötzlich, packte sie etwas am Schwanz und zog sie davon.

Es tat weh und dieser Schmerz erlöste sie aus der Starre. Leonas hatte die Gefahr ebenfalls erkannt, war sofort zu seiner Schwester geeilt und zog sie nun davon.

Sobald sie das hohe Gras der Steppe erreichten, welches sie vor den Blicken der heran galoppierenden Antilopenherde verbarg, ließ er seine Leonie los.

„Was sollte das?", fauchte Leonas wütend.

„Ich wollte es doch nur aus der Nähe betrachten", verteidigte Leonie sich, „Wie sollte ich auch wissen, dass es so gut behütet wird?"

„Sowas weiß man doch", antwortete Leonas nun etwas versöhnlicher, „Wir werden doch auch von unserem Rudel behütet."

„Aber wir sind doch auch die Kinder vom König."

„Ja, aaaber, glaubst du denn, liebstes Schwesterherz, dass dieses Antilopenbaby nicht auch von seiner Familie geliebt wird?"

„Ach, daran habe ich gar nicht gedacht."

„Und nun, los komm, wir müssen hier weg!"

Aufmerksam hatte Leonas ihre Umgebung beobachtet, wobei ihm auffiel, dass die Herde noch immer nach ihnen suchte. Und noch bevor er seine Schwester ein zweites Mal auffordern konnte, begann der Boden unter ihnen erneut zu vibrieren und sie konnten die galoppierenden Hufe hören, woraufhin sich beide gleichzeitig in Bewegung setzten.

So schnell die beiden Löwenkinder konnten, jagten sie durchs hohe Gras, schauten sich nicht um, blieben nicht stehen und wurden erst langsamer, als sie in die Nähe der Felsen gelangten, die sie ihr Zuhause nannten.

Völlig aus der Puste taumelten sie aus dem Gras hervor, fielen müde in den Schoß ihrer Mutter und schliefen sofort ein. Hier brauchten sie keine Angst mehr zu haben, hier wurden sie beschützt.

Und während die Sonne langsam am Horizont entlang wanderte, schlummerten die beiden Löwenkinder und erfreuten sich in ihren Träumen am Wunder des Lebens.

Eltern haften für ihre Kinder

Fassungslos beobachtete Johann, wie sich Saskia verstohlen einige Tränen aus den Augenwinkeln wischte und suchte fieberhaft nach einem Ausweg. Er war bestimmt kein Krawallbruder oder Unruhestifter, doch langsam platzte ihm der Kragen. Wenn dieses missratene Gör nicht bald damit aufhörte, seiner Lebensgefährtin derart zuzusetzen, dann konnte er für nichts mehr garantieren.

Dabei hatte der Tag doch so gut begonnen. Gleich nach dem Frühstück hatten sie die kleine Emma angezogen und einen Spaziergang durch die noch nasse Umwelt gemacht, der sie schließendlich auf diesen Spielplatz brachte.

Die ganze Zeit hatte Emma munter in ihrer Karre krakeelt, zwischendurch hatten sie sie auch mal ein paar Meter laufen lassen. Nichts machte Johann mehr Spaß, als seine kleine Familie an einem Samstag Vormittag hinaus in die Natur zu führen.

Es gab Männer, die sich für ihre Frauen schämten, doch zu denen gehörte er bestimmt nicht. Saskia war halt etwas kräftiger gebaut, schon immer gewesen, selbst als Kind war sie ein Pummelchen, das vor zwei Jahren bei Emmas Geburt noch einiges zulegte.

Und Johann liebte jedes einzelne ihre Pfunde, hatte sie ihm doch das schönste aller Geschenke bereitet: Eine kleine Tochter.

Er stand etwas abseits, beobachtete die Szene und dachte fieberhaft darüber nach, wie er ihr helfen konnte. Emma war noch zu klein, um wirklich zu begreifen, was ihre Mutter gerade durchmachen musste. Sie saß am Rande der Sandkiste und ließ sich von der Fünfsterneköchin Emma einen Sandkuchen nach dem anderen

backen, dabei versuchte sie den Jungen, der nur wenige Meter von ihr entfernt stand zu ignorieren, was ihr sichtlich schwer fiel.
Schon seit Minuten wiederholte er pausenlos seinen Singsang.
„Fette Kuh, dumme Sau, Du bist doch keine Frau. Fette Kuh, dumme Sau, Du bist doch keine Frau!"
Er wirkte wie ein kleiner Engel, mit seiner blauen Jeans, dem hellblauen Pullover und den verstrubbelten blonden Haaren. Auch die leuchtenden braunen Augen passten ins Bild, nur eben sein Gesang war alles andere als engelsgleich.
Verstohlen wischte Saskia sich eine weitere Träne aus den Augenwinkeln, beugte sich dann zu Emma und nahm ihr einen weiteren Sandkuchen ab, den sie mit Freude in sich hineinlöffelte, wobei sie den feuchten Sand kurz vor ihrem Mund von dem Löffel rieseln ließ.
Emma lachte und freute sich über die Begeisterung ihrer Mutter.
Wenigstens eine hat Spaß, dachte Johann. Er sah sich auf dem kleinen Spielplatz um, suchte die Eltern des kleinen Teufels. Am anderen Ende wurde er fündig, zumindest musste der dort auf der Bank sitzende Mann mit diesem Jungen verwandt sein, denn ansonsten befand sich niemand auf diesem Spielplatz.
Er brauchte gar nicht näher an diesen Mann heran gehen, um zu sehen, woher dieser Junge seine Gemeinheiten nahm. Dessen Vater, falls es denn sein Vater war, starrte Löcher in die Luft, rauchte und genehmigte sich hin und wieder einen Schluck aus der Bierflasche, dem ein lauter Rülpser folgte.
Nein, es war ganz und gar kein Wunder, dass dieser Junge kein gutes Benehmen hatte, überlegte Johann sich. Auch bezweifelte er, dass es etwas brächte, ihn auf das Fehlverhalten seines Jungen

anzusprechen. Dieser bereits unangenehm aussehende Typ würde ihn vermutlich nur auslachen und dann weiter seinen Luftschlösschen frönen.

„Könntest du damit bitte aufhören?", erklang Saskias helle Stimme. Sie hatte sich an den Jungen gewandt, schenkte ihm sogar eines ihrer Lächeln.

„Fette Kuh, dumme Sau, Du bist doch keine Frau! Fette Kuh, dumme Sau, Du bist doch keine Frau!" sang er unbeirrt weiter, verzog nun seine Mundwinkel zu einem breiten Grinsen und sang noch lauter, so dass es jeder auf dem Spielplatz hören konnte.

„ES REICHT! HÖR SOFORT DAMIT AUF!", schrie Saskia ihn nun an, wuchtete ihr Gewicht hoch, stand auf und machte einen wütenden Schritt auf ihn zu. Der Junge hielt erschrocken inne, machte einen Schritt zurück, dann fing er laut an zu weinen.

Saskia hielt erschrocken inne, sie hatte ihn nicht erschrecken wollen. Johann nahm die Veränderung mit einer gewissen Schadenfreude wahr, der kleine Teufel hatte nun doch die Quittung für seine Beleidigung bekommen. Er hoffte, dass er es nun gelernt hatte, fremde Leute nicht so zu piesacken, aber er bezweifelte es.

Er warf seiner Lebensgefährtin ein aufmunterndes Lächeln zu, und sah dann zu dem Mann auf der Bank hinüber, nur dass dieser nicht mehr auf seiner Bank saß, sondern nun wütend auf seinen Sprössling und Saskia zustapfte.

Sofort konnte Johann den Ärger riechen, der sich bleiern über den Spielplatz senkte. Am wankenden Schritt konnte er erkennen, dass das Bier seine Wirkung nicht verfehlt hatte, was ihn bestimmt unberechenbar machte, nicht dass so jemand sonst leicht zu durchschauen gewesen wäre.

Ihm blieb keine andere Wahl, als sich nun ebenfalls zur Sandkiste zu begeben, obwohl ihm alles andere als nach einer derartigen Auseinandersetzung zu Mute war. Dieser Säufer würde seine Frau nicht anrühren, schon gar nicht vor den Augen seiner Tochter, dafür würde er sorgen.

Zeitgleich trafen beide Männer dort ein, starrten sich wütend für ein paar kurze Sekunden in die Augen, dann wandte sich der Vater des Jungen seinem Sprössling zu. Legte ihm eine Hand auf die Schulter und drückte ihn aufmunternd, so wie er es bei seinen Kneipenkumpanen auch tat, wenn sie Ärger hatten.

„Was heulst du dir die Augen aus dem Leib?" eine tiefe, raue Stimme, die bereits leicht lallte. Der Junge blieb stumm, kämpfte mit seinen Tränen, wurde ihrer aber nicht habhaft. „Ich habe dir schon tausendmal erklärt, Angus, Jungen weinen nicht, das tun nur Schwuchtel! Und du willst doch keine abgefuckte Schwuchtel werden, nicht wahr?"

Der Junge nickte, wischte sich die Tränen aus den Augen, schluchzte noch ein paar Mal und hörte dann auf zu weinen. Neben seinem Vater fühlte er sich wieder stark. An dessen Seite konnte ihm niemand etwas anhaben. Das wusste er. Darauf vertraute er.

„Gut so, mein Junge. Was ist passiert?"

Der Junge schwieg, schaute zu Boden und dachte nach. Saskia und Johann erahnten, dass er gleich eine Lüge auftischen würde, man sah es seinem Engelsgesicht bereits an.

Zögernd hob der Junge seinen Arm, zeigte auf Saskia und murmelt leise: „Die hat mir Angst gemacht. Die wollte mich hauen."

Saskia wollte etwas erwidern, öffnete den Mund und schluckte dann ihre Worte doch herunter, als sie in das finstere Gesicht des Mannes blickte. Auch ihr blieb diese in der Luft liegende Zuspitzung nicht verborgen. Obwohl sie an eine Entspannung der Atmosphäre nicht wirklich glaubte, wollte sie mit einem Kommentar nicht zur endgültigen Eskalation beitragen.

Auch Johann sah den Jungen entgeistert an, schwieg. Was hätte er bei dem Vater auch anderes sagen sollen. Längst war seine Wut einem aufkommendem Mitleid gewichen. Manche Leute sollten halt einfach keine Kinder in die Welt setzen, wieso, wurde ihm hier wieder einmal bewusst.

Der Mann blickte wütend auf, warf einen abschätzenden Blick auf Saskia, dann wandte er sich wieder an seinen Sohn. „Was denn, diese fette Kuh macht dir Angst? Das braucht sie nicht. Sie ist zu fett, als dass sie dir wirklich was anhaben könnte. Geh jetzt wieder spielen."

Der Junge nickte nur und schlich dann in die Sandkiste und ließ sich nur unweit von Emma, die die Szene mit aufmerksamen Augen beobachtete, nieder.

Johann atmete erleichtert aus. Damit hätte er nicht gerechnet. Okay, die Beleidigung gegen seine Frau war schwer verdaulich, aber darüber würde er erst einmal hinweg sehen, da auch Saskia erleichtert wirkte.

Der Mann warf noch einen kurzen, abschätzenden Blick auf Saskia, dann kehrte er zurück zu seiner Bank, zündete sich eine weitere Zigarette an und öffnete eine neue Bierflasche.

Johann lächelte Saskia zu, die diese Geste erwiderte. Stumm verständigten sie sich, dann kehrte sie zurück zu Emma, um sich zur Freude ihrer Tochter die neuen Sandprodukte einzuverleiben. Dem Jungen schenkte sie keinen weiteren Blick, so wurde sie auch nicht

gewahr, dass er sie und Emma neidisch beobachtete.
Auch Johann entging dieser Blick, ansonsten hätte er sich den kommenden Ärger ersparen können, doch so kehrte er zum Spielplatzrand zurück, um seine beiden Schönheiten in ihrem Glück zu bewundern.
Er brauchte keine nette Unterhaltung oder irgendwelche ablenkende Aktion, so lange er die beiden in friedlicher Einigkeit beobachten konnte.
Schöner konnte ein Samstagvormittag für ihn nicht ausklingen.
Und dann begann der Gesang von neuem. Erst als ein leises Summen, dann mit seiner hellen Stimme herausfordernd, um Aufmerksamkeit bettelnd. „Fette Kuh! Dumme Sau! Du bist doch keine Frau!"
Noch bevor Saskia darauf reagieren konnte, hatte Johann sich bereits in Bewegung gesetzt, steuerte nun seinerseits auf den Vater des Jungen zu. Er würde ihn zur Rede stellen. So konnte es doch nicht weitergehen, immerhin: Eltern haften für ihre Kinder.

Aus dem Nähkästchen geplaudert

Lisa war mit Oma spazieren, was den beiden jedes Mal einen riesigen Spaß machte. Sie redeten über all das, was besonders wichtig für Omas und ihre Enkelkinder war. Die Oma zeigte der Kleinen die tollsten Sachen, weihte sie in die Spielplatzgeheimnisse ein und ließ sich von ihr in die Handhabung der neuesten Spiele einführen. Diese wunderbaren Neuigkeiten nahmen die beiden jedes Mal mit der größten Begeisterung auf und egal wohin der Weg sie führte, dem heiß geliebten Spielplatz musste auf jeden Fall bei allen Spaziergängen ein Besuch abgestattet werden.

Auf der Spielwiese tollten die zwei dann immer ausgiebig herum. Mit Gelächter und Hallo, rutschten Oma und Kind ausgelassen die Rutschbahn hinunter. Die alte Oma auf der Rutsche, welch ein Anblick. Auch den Sandkasten beehrten die beiden täglich, ja sogar bei Regenwetter. Dann sandelten sie so lange im Matsch, bis Oma und Kind, mitsamt der mitgebrachten Vesper, mit knirschendem Sand dekoriert waren.

Auf jeden Fall musste dann auch noch unbedingt, das herrliche beliebte Verkäuferlespiel - „Guten Tag Frau Meier, was haben sie heute anzubieten?" - gespielt werden. Unglaublich, welche imaginären Köstlichkeiten es da zu kaufen gab.

Niemals vergaß das Kind auch nur eines der herrlichen Spiele. Denn diese Unterhaltungen gehörten einfach zu Lisas täglichen Vergnügungen, und solange sie alles ordnungsgemäß abgespielt hatte, war die Welt für sie in Ordnung. Sogar die alte Oma hätte, wann auch immer, keines der wichtigen Spiele übersprungen.

Es war der tagtägliche große Spaß von Lisa mit Oma.

Wenn es warm genug war, begeisterte sich Lisa auch an ihren geliebten Wasserspielen, denen sie mit Begeisterung gleich dort am Spielplatz erlag. Das Wasser hatte für sie, wie sicher auch für andere Kinder eine magnetische Anziehungskraft. Es gab nichts Schöneres für sie, als mit Sand und Wasser herum zu matscheln. Obwohl Lisa immer hübsch und sauber aus dem Haus gehen wollte, hatte sie überhaupt nichts dagegen, mehr oder weniger nass und dreckig dort wieder anzukommen. Die Waschmaschine wusch ja alles, ohne zu murren, sie bekam die schmutzigste Kleidung wieder blitzblank sauber und spurenlos rein. Also brauchte sich das Kind keine Sorgen über solche Kleinigkeiten wie mehr oder weniger Dreck zu machen. Der störte keine ihrer Unternehmungen, hinderte nicht am Lachen, Toben und Übermut, so lang sie wollten. Erst als Oma und Kind genug hatten und müde gespielt heimwärts stapften, war es damit zu Ende.

Zu Hause angekommen öffnete Oma die Haustür und beide schlüpften in die Diele, worauf die liebe Oma sofort ohne nachzudenken die Haustür, so wie es sich schließlich gehörte auch wieder schloss. Lisa hatte das wohl bemerkt und wunderte sich. Aber als Oma ihrer Lisa auch gleich den Mantel ausziehen wollte, wehrte sie sich heftig dagegen. Vorwurfsvoll erhob sie ihren Zeigefinger und fragte streng:

„Oma, hast du die Haustür abgeschlossen?"

Erschrocken holte Oma das nach.

„Oh, das habe ich vergessen."

Darauf tönte es von Lisa voller Entrüstung:

„Mensch Oma, bist du doof, da hau ich doch ab."

Wie konnte die Oma aber auch so leichtsinnig sein und das vergessen.
Es war doch auf keinen mehr Verlass.

Janny' s Welt ist rot

Mein Dank geht an Winfried Brumma, für die Punkt und Komma Korrektur und Jann Schröder für die Anregung.

Mit beiden Händen hält Janny das Marmeladenglas fest und geht ganz langsam wieder auf seinen Platz in der ersten Reihe zurück. Bei jedem Schritt schwappen ein paar Tropfen Wasser auf den dunklen, schwarzroten Fußboden. Mit zusammengezogenen Brauen beobachtet der Lehrer den kleinen Jungen, der heute seinen ersten Schultag in dieser Klasse hat. Ein bisschen abgerissen sieht der Kleine aus, die schiefen Absätze und die Schnürsenkel zeigen traurige Abnutzungsspuren. Asozial, geht es Herrn Blume durch den Kopf. Kinderreiche Familie. Als ob es nicht schon genug arme Leute in der Gegend gäbe, kommt nun auch noch dieses Pack hier an, sucht sich ein Nest und nimmt anderen weg, was eh schon viel zu knapp ist. "Setz dich endlich hin und trödel nicht endlos herum. Schau dir den Fußboden an, diese Schweinerei, man merkt gleich, wo du herkommst." Janny zuckt wie unter einem gewaltigen Schlag zusammen und rutscht dann in seine Bank. Glücklich war er heute Morgen aufgewacht, mit so viel Vorfreude auf die neue Schule. Die Mutter hatte extra für diesen besonderen Tag das Pausenbrot in rot glänzendes Seidenpapier gepackt und einen dicken, rotbackigen Apfel dazu gelegt.
Im Keller stehen vier Holzsteigen voll mit rotgoldenen Äpfeln, die schon sehr schrumpelig sind. "Wintervorrat" hatte der Opa gesagt, als er mit seinem Handwagen vorbei kam und die Kisten dann in den

Keller trug. Wenn man die Äpfel mit dem alten Geschirrhandtuch lange genug abrieb, wurden sie ganz glänzend. Das Rot strahlte am allerschönsten und die verhutzelte Haut wirkte fast wie poliert, beinahe so wie Omas Wangen. Ein bisschen rau, aber auch irgendwie weich und angenehm.

Janny's Hand kriecht in den Schulranzen. Vorsichtig, als würde sie nach einem Schatz suchen, tastet sie nach dem Apfel, streicht über die Schale und dann, als hätte diese ihm Trost und Kraft geschenkt, nimmt er die kleine Hand wieder herus, greift nach dem Pinsel und taucht ihn in das glasklare Wasser. Janny schaut erstaunt die großen bunten Malkästen der anderen Kinder an, so viele Farben hat er noch nie zusammen gesehen, selbst seine großen Geschwister haben keinen solchen Kasten. Jeder hat nur vier Farben und wenn einer von ihnen Geburtstag hat, dann bekommt er eine neue kleine Farbendose auf den Festtagstisch. Das alte Töpfchen, in dem ja immer noch ein kleiner Rest ist, wird an die kleineren Geschwister weitergegeben.

Janny hat natürlich auch nur vier kleine Töpfchen, in denen die Farben rot, grün, blau und gelb sind. Wenig, sehr wenig ist noch in den Gefäßen. Es ist ihm bewusst, dass er sehr sorgsam damit umgehen muss. Denn für neue Wasserfarben, hat die Mutter gesagt, ist kein Geld da. Gerne hätte Janny auch solch einen großen Wasserfarbkasten gehabt, wie die anderen Kinder, aber er war auch mit seinem sehr zufrieden. Papa fand, dass es besser wäre, wenn die Kinder etwas Gescheites im Unterricht lernen würden, malen und zeichnen war einfach unnützer Kram.

Ganz behutsam taucht Janny den nassen Pinsel in das rote Töpfchen, kreist am Innenrand entlang und fährt dann immer fester durch die langsam feuchter werdende rote Masse. Das erste Blatt des neuen Zeichenblockes strahlt in fast reinem Weiß. Die rot gefärbten Pinselhaare tanzen langsam quer über das Blatt. Dunkles Rot bedeckt bereits die obere Hälfte und mit jedem erneuten Eintauchen in das Glas verfärbt sich das Wasser mehr und mehr. Langsam bekommt das Wasser die Farbe von Himbeersaft. Janny leckt sich über die Lippen, fast so, als würde er den süßen dicken Saft, den Mutti über den Grießpudding gießt, schmecken. Glücklich malt er, die Zunge im rechten Mundwinkel, sein Bild. Als er fast fertig ist, drückt er den Pinsel noch einmal ganz fest in das rote Töpfchen, so fest, dass die Borsten wie ein Fächer in der Farbe liegen. Kleine rote Tupfen setzt er auf den unteren Teil des Blattes, dann schaut er sich das gesamte Bild sehr genau an. Wiederholt den Vorgang, aber dieses Mal setzt er statt kleiner Tupfen einen einzigen großen Klecks auf den oberen Teil seines Blattes. Ein tiefer Seufzer rutscht Janny aus der Kehle, so sehr gefällt ihm sein Bild.

In seinem Eifer hat der kleine Junge gar nicht bemerkt, dass Herr Blume schon eine ganze Weile neben ihm steht und ihn kritisch beobachtet. "So, Janny, das ist also dein Bild. Kannst du mir auch erklären, was das ist, ich erkenne nämlich nichts." "O ja", sagt Janny eifrig, "das ist Heute." "Was ist das?", fragt Herr Blume, "solch einen Unsinn hat mir noch kein Schüler geantwortet, wenn ich gefragt habe, was er gemalt hat. Du kannst es mir aber doch sicher erklären, oder?"

"Ja natürlich", sagt Janny ernst, "als ich heute Morgen aufwachte, war der Himmel so rot, dass er die ganze Welt in ein rotes Licht tauchte. Die Sonne stand als roter Ball am Himmel." Mit seinem Zeigefinger zeigt Janny auf den roten Klecks im oberen Teil des

Bildes, dann fährt er langsam mit dem Finger weiter nach unten.

"Das sind die Bäume, die aussahen, als würden sie brennen, und hier unten sind die Wiesen, und das hier", dabei zeigt er auf die kleinen Tupfer, "sind die Blumen. Die ganze Welt war rot, und in mir ist sie es immer noch, ganz rot und warm und wunderschön."

Der Lehrer reißt das Blatt aus dem Block und hält es in die Höhe.

"Liebe Kinder, was meint ihr, was euer neuer Mitschüler da gemalt hat?" Die Kinder drehen sich zu Janny um und heben dann ihre eigenen Bilder hoch. Der kleine Paul meldet sich als erster:

"Vielleicht hat er ja versucht, ein Feuerwehrauto zu malen und hat die Türen und Fenster und die Schläuche vergessen." Alle Kinder lachen, aber am lautesten lacht Herr Blume.

"Paul, das ist gut, eigentlich sollten wir das Bild ja einer Galerie anbieten, was meint ihr? Vielleicht bekommen wir ja dafür sogar viel Geld für die Klassenkasse!" Über Janny's Gesicht geht ein Strahlen, so stolz ist er auf sein Bild, obwohl er das mit der Feuerwehr nun echt als Fehlinterpretation sieht.

"Aber da Janny nun mal ein kleiner fauler dummer Junge ist, der nicht mal weiß, dass der Himmel blau, die Wiesen grün und die Blumen bunt sind, werde ich das Bild zerreißen und in den Mülleimer werfen. Janny wird in der nächsten Unterrichtsstunde ganz bestimmt wissen, wie die Welt aussieht und das man 'Heute' nun ganz sicher nicht malen kann. Heute ist ein Wort, nicht mehr und nicht weniger. Für heute, liebe Kinder, hat er uns auf jeden Fall gezeigt, dass er noch viel lernen muss."

So schnell wie der Lehrer das Bild zerrissen hat, so schnell konnte der kleine Janny gar nicht schauen, aber als um halb zehn endlich die Schulglocke schrillt und alle aus der Klasse rennen, geht er an den Papierkorb und holt vorsichtig die roten Papierschnipsel wieder heraus. Irgendetwas in Janny's Brust und im Hals tut schrecklich weh.

Zu Hause angekommen, geht Janny an den Küchenschrank und holt sich eine weiße Schachtel heraus, auf der mit roter Schrift "Speisestärke" steht. Er mischt eine kleine Menge von dem weißen Pulver mit etwas Wasser, streicht es dann auf eine alte Zeitung und klebt fein säuberlich sein zerrissenes Bild auf. Glücklich lächelt der kleine Junge, denn fast hat sein rotes Kunstwerk wieder das Aussehen von vorhin in der Schule.

Traurig denkt Janny über seinen ersten Tag in der neuen Schule nach, er sieht die anderen Kinder, die Malkästen, und dann hört er wieder das schallende Lachen des Klassenlehrers. Er hatte sich diesen ersten Tag ganz anders vorgestellt. Als die Mutter in die Küche kommt, dreht sich Janny ganz rasch um und putzt eine Träne aus seinem Augenwinkel.

"Na, Janny, wie war es heute in der Schule?", fragt sie und wischt sich ihre Finger an der rotkarierten Schürze ab. "Was habt ihr gemacht? Wie sind deine neuen Mitschüler und vor allem: Wie ist denn dein neuer Lehrer, oder hast du gar eine Lehrerin?" "Ach Mama, das war schon in Ordnung, wir hatten Zeichnen und ich habe 'Heute' gemalt, aber alle haben mich ausgelacht, weil sie es nicht verstanden haben."

"Ach Janny, du immer mit deinen komischen Ideen, kein Mensch kann 'Heute' malen. Mal doch einfach das, was die anderen Kinder auch malen, dann ist dein Lehrer mit dir zufrieden und niemand lacht dich mehr aus." Mit einem raschen Handgriff fegt sie das rote Blatt vom Tisch, knüllt es zusammen, nimmt mit dem Schürhaken zwei der heißen Metallringe aus der Herdplatte und wirft Jannys Werk in die glühenden Kohlen. "Mama, das war mein Heute-Bild!" Atemlos steht der kleine Junge neben seiner Mutter und sieht, wie die Flammen sein Bild langsam auffressen.

"Maaamaaa", ein einziger Schrei, der Jannys Mutter das Herz fast zerreißt, als ihr bewusst wird, was sie gerade getan hat. "Verzeih, Janny, ich dachte doch nicht, dass dir dieses Bild so viel bedeutet, wenn du es so mochtest, dann setz dich hin und mal es noch einmal. Es war doch nur ROT! Bestimmt geht das ganz schnell." "Nein Mama, das geht eben nicht sehr schnell, und nun ist heute ja auch fast vorbei und ich brauche auch kein Bild mehr, es war nicht so wichtig."

+ + +

Janny malt von nun an, genau wie alle Kinder, Autos, Häuser, Blumen, aber nie mehr mit seinem Herzen, er malt und malt und malt. Bilder, wie jedes Kind sie malt. Herr Blume ist sehr mit Janny zufrieden. Die meisten seiner Bilder dürfen an der großen Wand hängen, manche bekommen sogar einen Rahmen und werden im großen Treppenhaus aufgehängt, jeder kann sie sehen und bewundern.

Nach den großen Sommerferien kommt Sarah, eine neue Schülerin, in die Klasse. Sie sieht etwas eigenartig aus, mit dem stets halb offenen Mund und den etwas schrägen Augen. Alle schauen unter sich, nur Janny sieht das Mädchen interessiert an. Sie hat um ihre blonden Haare ein rotes Tuch gebunden und gerade so, als hätte sie es ganz bewusst geplant, trägt sie dazu rote Lackschuhe.

"Ich setze mich zu dir", sagt Sarah sehr bestimmt und wirft ihre verknautschte Tasche direkt auf Jannys Schoß. "Na gut, du musst es wissen, ich hoffe, es gefällt dir neben mir", lacht Janny.

Das Lachen der Kleinen schallt durch das ganze Klassenzimmer, laut und immer lauter lacht sie. "Los, sag wie du heißt, ich bin die Sarah, ich hab Down, aber sonst sagen meine Eltern bin ich große Klasse. Du gefällst mir, na und wie heißt du nun? Sag, bist du immer so stumm?" Ganz fest kneift sie den Jungen in den Arm. "Spinnst du, das tut doch weh, ich glaube du setzt dich mal lieber woanders hin!"

"Sarah wollte das nicht, ich will aber hier sitzen und ich bleib auch hier!", schmollt das kleine Mädchen.

Ein donnerndes "Ruhe" kommt vom Pult des Herrn Blume, dann stellt er Sarah den Mitschülern vor, die nur kurz die Mundwinkel verziehen und ein dummes Grinsen im Gesicht haben. Nena stößt Biene in die Seite und dann kichert sie albern: "Die passen wirklich zusammen. Pass auf, die heiraten mal!" Für Nena scheint das der Witz des Jahres zu sein. Sie krümmt sich in ihrer Bank, bis es selbst dem Lehrer zu dumm wird und er ein zweites "Ruhe" brüllt.

Da Herr Blume in einer anderen Klasse den Kollegen Stein vertreten muss, übernimmt Fräulein Degen den Unterricht. Sie packt ihre Tasche aus, legt einen roten Apfel auf den Tisch, lächelt die Kinder an und dann beschließt sie, ihnen eine Glücksstunde zu schenken:

"Ich denke, damit wir uns besser kennen lernen, malt ihr mir alle ein Bild, das Thema dürft ihr frei wählen. Ich bin gespannt, was ich über euch erfahre!"

Sarah nimmt ihren roten Becher, holt sich am Waschbecken frisches Wasser, dann setzt sie sich wieder auf ihren Platz und beginnt den Pinsel in den roten Farbnapf zu tunken. Janny schaut aus den Augenwinkeln, was das Mädchen da so zu Papier bringt. Es ist ihm, als würde er träumen, es ist genau das Bild, welches er an seinem ersten Schultag gemalt hatte.

"Was soll denn das werden, wenn es fertig ist?", will er von Sarah wissen. "O Mann, das sieht man doch. Das ist 'Heute'. Hast du denn heute Morgen nicht aus dem Fenster gesehen? Der Himmel, die Bäume, die Wiesen, alles war in Rot getaucht. Eine ganz Welt in Rot. Na gut, ich verstehe schon... Mama sagt, normale Kinder können solche Wunder, wie ich sie sehe, nicht sehen, weil sie das nicht wirklich wahrnehmen. Sie sagt, ich sei aufmerksamer als alle Kinder zusammen. Sie meint, die sehen nur mit den Augen. Und weißt du, was sie noch sagt?" "Na, sag es halt." "Mama sagt, unsere Sarah lebt, liebt und macht alles nur mit dem Herzen, sie ist etwas ganz Besonderes!" "Weißt du was, Sarah! Deine Mama hat vollkommen Recht, du bist wirklich etwas ganz Besonderes. Ich kenne kein Mädchen, das so wunderschön malen kann und so besonders ist wie du."

Janny nimmt sein angefangenes Bild, geht langsam zum Papierkorb, reißt es in kleine Schnipsel und lässt diese dann wie Konfetti in den Korb regnen. Mit einem strahlenden Lächeln in den Augen geht er wieder zurück und setzt sich neben Sarah. Er nimmt ein neues weißes Blatt und beginnt ganz oben mit dunkelroter Farbe einen Himmel zu malen, danach setzt er mit noch dunklerem Rot einen dicken roten Ball hinein. "Weißt du Sarah, du hast Recht, die Welt war heute Morgen einmalig ROT."

Nach einer Stunde sind alle Kinder fertig. Fräulein Degen geht durch die Reihen und schaut sich jedes Bild genau an. Als sie bei Sarah und Janny stehen bleibt, zieht Janny die Schultern zusammen, er hat solche Angst, dass die Lehrerin Sarahs Bild zerreißt. Um seines macht er sich keine Sorgen, denn er weiß ja, wie es sich anfühlt, wenn das passiert. Er möchte auf keinen Fall, dass Sarah den gleichen Schmerz erleiden muss, wie er damals.

"Sagt einmal, ihr Zwei, ihr müsst ja heute Morgen sehr früh aufgestanden sein, noch nie habe ich solch ein wunderschönes Tagerwachen gesehen, ihr seid ja richtige kleine Künstler! Würdet ihr mir die Bilder zur Verfügung stellen? Ich plane eine Ausstellung mit den ausgefallensten Ideen in der Galerie eines Freundes. Mir gefallen eure Bilder ausgezeichnet, sie sind so ganz anders, so besonders. Natürlich nur, wenn es euch recht ist." Sarah schaut Janny mit ihren schrägen Augen an. "Siehst du, Mama hat Recht, ich bin besonders und du bist das wohl auch!!!"

Janny und Sarah malten auch weiterhin die Welt in den schönsten Farben - in ihren Farben. Sie malten ihre Welt in wunderschönstem ROT und manchmal auch in gelb und blau und grün. Je nachdem, wie sie ihre Welt sahen...

Auf dem Weg nach Südtirol

Ich war kein Kind mehr. Fünfzehn Jahre alt war ich.
Ich hatte einen kleinen Bruder und zwei Cousinen, ebenfalls jünger als ich. Im Sommer wollten wir zusammen auf Urlaub gehen – mit Eltern, zu acht. Ich mochte meine Tante und meinen Onkel leidlich gern, die eine meiner Cousinen nicht, die andre dafür umso mehr. Mein kleiner Bruder mochte mich sehr, kannte seine Cousinen kaum, und ich war's gewöhnt, mich um ihn zu kümmern. Da kam es schließlich her, dass er an mir hing! In den Ferien, hoffte ich, würde sich das Kümmern auf uns drei Mädchen verteilen. Ich freute mich auf die Wochen in Südtirol.
Seit unserem letzten Treffen, hatte meine Lieblingscousine Anna mir geschrieben, gehörte ein Familienmitglied mehr zu ihnen: Theobald. So unbekannt er uns war, so heftig erregte er das Interesse meines kleinen Bruders.

„Bald seh' ich den Theo-bald-bald-bald", hüpfte er von einem Bein aufs andere.
Mir wäre es lieber gewesen, hätte es diesen Neuling nicht gegeben, denn gerade hatte ich eine Broschüre zwischen die Finger bekommen, die mich lehrte, wie ich mit ihm umzugehen hätte: Ihn zu umgehen wäre das Beste, zog ich meine Schlüsse, und wenn doch Kontakt, dann hinterher sofort Hände waschen! Denn Katzen tragen jede Art von Bakterien und Bazillen in ihrem Haar – und an ihren Krallen erst! Man denke nur, dass sie sie vor Kurzem wahrscheinlich einer Maus ins Fleisch gerammt haben!
Vor Theobalds Klauen fürchtete ich mich.

Doch ich hütete meine Zunge und verdarb meinem Bruder die Vorfreude nicht. Nur meiner Mutter sagte ich, dass wir gut auf ihn aufpassen müssten! Sie lachte: Nein, im Gegenteil, mit Theobald werde Lars prima spielen können, wo er sich doch schon immer eine Katze gewünscht habe.

Wie konnte sie nur so unbekümmert sein! Ich gab ihr die Warnung vor Myriaden von Krankheitserregern zu lesen. Prompt bekam ich sie mit dem Hinweis zurück, mich lieber schnell wieder Lars' Lieblingsbüchern zu widmen, die allesamt von süßen Katzen handelten. Hundertmal schon hatte ich sie ihm vorgelesen. Ja, umgeben von unserer Stadtwelt aus Beton lebte mein kleiner Bruder in einer Traumwelt voller Katzen. Katzenposter an den Wänden, Plüschkatze im Bett und auf dem Tisch ein Plastikset, das selten ohne Milchspritzer blieb: Lars träufelte sie der Katze, die darauf gedruckt war, aufs platte Maul.

„Ob sie auch Kakao mag?" überlegte er.

„Du siehst doch, dass sie gar nichts aufschleckt", hatte ich ihm gesagt.

„Doch!" hatte er erwidert. „Nachher ist die Milch weg!"

„Weil Mama sie wegwischt, wenn du im Kindergarten bist."

Aber das glaubte er nicht. Irgendwie waren all seine Katzen lebendig zum Ausgleich dafür, dass es in unserer Stadtwohnung nun einmal nur sie und keine echte gab. Und Lars war ihr König, denn morgens stand er auf, sagte „Miau" und: „Katze ist wach!"

Wie niedlich er war ... Doch musste man ihn nicht zum Ich erziehen? Meine Zweifel wurden zerstreut, als ich beim Abholen die Erzieherin im Kindergarten hörte, wie sie ohne Umschweife mit „Tschüss" reagierte, als Lars sich zum Abschied an sie schmiegte und schnurrte: „Katze muss jetzt weg." Wir durften weiterträumen und uns in unsere Idylle kuscheln.

Doch nahte die raue Wirklichkeit! Theobald war eine Landkatze – echt und voller Katzenhaar. Wohlmöglich fraß er rohes Fleisch, warm oder kalt, je nachdem wie gefräßig oder grausam er war.

Lars freute sich – ich wappnete mich. Auch, was unsere Autofahrt hin zur Verwandtschaft betraf.

Mir wurde nämlich klar, dass Lars die gesamte Zeit über keine Ruhe geben würde, auf der Rückbank, neben mir, wenn mir nicht etwas einfiele. Ich suchte nach einer Idee ... meine beste Freundin hatte sie: „Lies ihm *Nero Corleone* vor! Er ist ja pfiffig, so dass er's schon verstehen wird. Und für dich wird's derselbe Spaß wie für mich, als ich es letztens gelesen hab'." Sagte sie und drückte mir den Katzenroman in die Hand. Auf ihren Geschmack konnte ich mich verlassen – wir tauschten uns immer gegenseitig Bücher aus.

Nun konnte es also losgehen. Wir starteten.

Tatsächlich verlief nie eine 600-Kilometer-Fahrt so harmonisch wie diese – bis auf einen Zwischenfall:

„Ist Südtirol in Italien?" wollte mein kleiner Bruder wissen, als Nero sich auf den Weg nach Italien schmuggelte.

„Ja, genau", bestätigte ich.

„Kommt Theobald mit uns mit?" fragte er.

„Höchstens wie Nero als blinder Passagier", sagte ich und schrie als Nächstes: „Nein, der kommt nicht mit!"

„Aber warum denn nicht?"

Statt Lars meine persönlichen Gründe zu offenbaren, schaltete ich unsere Eltern ein.

„Katzen nimmt man nie mit auf Urlaub, nur Hunde, oder?" fragte

ich, Bestätigung erwartend.
Stattdessen grub man mir das Wasser ab:
„»Nie« kann man nicht sagen. Erinnerst du dich nicht an die Frau mit Katzenkorb in der Bahn?"
Ich erinnerte mich, aber auf keinen Fall wollte ich Theobald im Urlaub dabeihaben.
„Theobald ist ja keine Schoßkatze!" argumentierte ich.
„Ist er kein Kätzchen mehr?" fragte Lars.
„Er muss zwei Jahre alt sein", bekam er zur Antwort.
„Dann ist er viel jünger als ich!" lautete die Rechnung meines kleinen Bruders.
„Trotzdem: er kommt bestimmt nicht mit! Der versorgt sich selbst oder geht auf den Bauernhof nebenan bei Anna und Isabell!" versuchte ich ein letztes Wort, und seltsamerweise blieb es dabei. Lars schaute mich an, legte die Stirn in Falten, verzog den Mund und ließ sein Minenspiel von Verschlagenheit in Lächeln und Unschuldsblick übergehen. Was er sich wohl dachte ... wollte er den Kater zur Schmuggelware machen? Umso mehr sollte mein Auge wachsam sein!
Hätte ich geahnt, welchem Schicksal ich entgegenfuhr ... Doch ich las weiter vor.
Schwer beeindruckt von der Lektüre kamen wir an. Ob Theobald irgendetwas gemein hätte mit Nero? Ein bisschen neugierig war ich doch. Lars platzte vor Eifer, es nachzuprüfen.
„Wo ist Theobald?" rief er zur Begrüßung und schüttelte alle ab, die ihn küssen, sein Wachstum bestaunen oder ihn mit Kakao locken wollten.
„Wo ist die Katze?" war das Einzige, was jeder an ihm Interessierte

zu hören bekam.

„Sie wird herumstreunen."

„Ich geh' sie suchen", war Lars' Entschluss.

„Ein Streuner reicht – du bleibst hier", befahl unser Vater.

„Wir machen nach dem Essen einen Abendspaziergang und halten Ausschau nach ihm, ja?" schlugen um die Gunst des Jüngsten werbend die Mütter vor und nahmen ihn in die Mitte am Tisch. Lars rächte sich mit Ungezogenheiten beim Essen, gegen die unser Onkel schließlich Nase an Nase mit ihm wie eine Zauberformel das Machtwort sprach: „Raus mit dir, Theobald!" Verwirrung im Blick, verschlug es Lars endlich die Sprache. Isabell quittierte seinen Gesichtsausdruck mit einer Bemerkung in die Runde: „Gleich packt er ihn und runter geht's die Kellertreppe!" Blankes Unverständnis stand Lars ins Gesicht geschrieben. In Entsetzen wandelte es sich, als der Onkel donnerte: „Du benimmst dich wie Theobald! Und der fliegt dann raus! Was meinst du wohl, warum er nicht zu sehen ist? Geh' ihn suchen, das ist die passende Gesellschaft für dich!" Lars weinte, Mutter und Tante standen auf, überstürzt traten sie mit ihm den versprochenen Spaziergang an.

„Das kann ja heiter werden – ist er immer so?" wollte Anna von mir wissen.

„Nein", war meine knappe Antwort und: „Gehen wir in dein Zimmer?" mein Vorschlag. Ich wollte endlich unter uns sein!
Annas Zimmer gefiel mir gut, den Postern sah ich unseren gemeinsamen Geschmack an, ich atmete innerlich auf. Lars hatte mir doch einen Schreck eingejagt. Was war nur in ihn gefahren? Als hätte sie meine Gedanken gelesen, vermutete Anna: „So ein Teufel wie Theobald wird Lars ja wohl doch nicht sein" und erzählte mir

von den Werken des Katers: zerrissene Gardinen, auf denen er Rutsche gefahren war, ein stinkendes Loch voll toter Mäuse im letzten Kellerwinkel, er selbst halbtot, eingeklemmt in einem Fenster, das auf Kipp gestellt ihn weder vorwärts noch rückwärts kommen ließ, Tapeten in Fetzen und Überschwemmung in der Vorratskammer, weil er die Milchtüten aufgebissen hatte.
Anna lachte, mich grauste es.

„Komm, schau dir die Fotos auf meinem Handy an", lenkte sie mich ab. Bäuchlings machten wir es uns auf ihrem Bett gemütlich, das eine flauschige Tagesdecke schützte, bis mich ein Niesanfall auffahren lies.
Was war das? Es schüttelte mich, Tränen schossen mir in die Augen, dann schwollen sie zu. Ratlos saß Anna neben mir. Als ich weiter nieste und heulte, Rotz aus der Nase, Wasser aus den Augen spie, rannte sie durchs Haus, Hilfe suchend. Doch niemand war da.

„Sind denn alle wegen diesem kleinen Teufel unterwegs?" klagte sie, „Isabell doch bestimmt nicht ... !"
Mir blieb die Luft zum Klagen weg. Vor Annas Bett rutschte ich und verausgabte mich. Wie geschah mir, was war los, was sollte ich tun? Da handelte Anna für mich: Sie rief den Notarzt an.
Eine halbe Stunde, nachdem der Rettungswagen durchs Hoftor gefahren war, spazierten durch dasselbe vier fröhliche Erwachsene und ein kleinlauter Junge herein. Ich konnte sie nicht sehen, malte es mir im Nachhinein aber aus, wie sie dreingeschaut haben mochten, als sie den Sanitäter sahen, in dessen Fahrzeug ich lag. Denn hören konnte ich den Umschwung der Stimmlagen, als sie näherkamen. Dann warf sich mir jemand an den Hals.

„Na, wieder der Alte?" murmelte ich meinem kleinen Bruder zu.

Durch meine verquollenen Augen sah ich ihn nicht, aber ich spürte ihn, er war da wie vorher im Auto, auf der hinteren Sitzbank, beim Vorlesen, ganz nah, sein Atem mit meinem im Takt, beide beschleunigt im Vergleich mit zuvor. Seiner vom Rennen, her zu mir - meiner im Nachklang des Anfalls der zurückliegenden Stunde.

„Katzenallergie" sagte der Sanitäter zu meinen Eltern und erklärte ihnen, welche Mittel er mir gegeben hatte und was weiter zu tun sei. Dann verabschiedete er sich.

„Aber die Katze ist doch gar nicht da!" wunderte sich Lars.

„Komm mit in mein Zimmer", forderte Anna ihn auf. „Nur du, deine Schwester auf keinen Fall!"

Drei Minuten später kehrte Lars zu mir zurück, um zu berichten:

„»Ganz kurz gucken«, hat Anna gesagt, »und einmal tief einatmen. Spürst du was?« hat sie gefragt, und als ich »Nein« geantwortet habe, sollte ich ganz genau auf den Teppich und aufs Bett schauen. Schön flauschig sah alles aus. Aber es war voller Katzenhaar!"

Außerdem ergänzte er geschäftig: „Du darfst heute nur noch in der Küche sein und im Bad – da, wo lauter Kacheln sind. Und die schrubben wir jetzt erstmal noch ab." Dann schmiegte er sich an mich und flüsterte mir ins Ohr:

„Ich schmuggel Theobald ganz bestimmt nicht mit ... Der ist auch viel zu groß!"

Meine Welt kam zurück in ihr Lot. So fühlte es sich in Nase, Augen und meinem Innersten an. Allerdings hatte ich Theobald noch nicht persönlich kennengelernt ...

Später, in der Küche, erzählte mir meine Mutter, was beim Spaziergang vorgefallen war. Lars' Bemühungen, den Kater zu finden, waren so fruchtlos geblieben, dass der Kleine traurig geworden war.

„Einmal, dass ich froh war darüber", meinte meine Mutter, „denn so kennen wir ihn wieder, nicht wahr? Aber da war noch etwas, und dafür tut er mir richtig leid – ich fürchte, dein Onkel wird ihn den ganzen Urlaub über damit aufziehen. Als wir nämlich einer Katze begegneten - Theobald war's nicht, aber eine, die die anderen mit Namen kannten - da habe ich Lars gesagt, er dürfe sie ruhig streicheln, auch wenn's nicht unsere sei, und was glaubst du, hat er getan? Wie angewurzelt stehen geblieben ist er, und als sie näher kam - sie hätte sich bestimmt gerne an seinen Beinen das Fell gestreift - da ist er ängstlich zurückgesprungen und gar nichts war's mit Katzenliebe und Anfassen!"

„Das hätte ich ja nicht gedacht ... seltsam ... Hoffentlich vergessen's die andern!" wünschte ich mir und fügte, ohne es besonders ernst zu meinen, hinzu:

„Jetzt bin ich aber mal gespannt, was bis morgen noch alles schiefgeht", legte mich auf meinem Küchen-Feldbett für die Nacht zurecht und träumte bald voll Vorfreude und Erleichterung von unserer Weiterreise, einem katzenfreien Urlaub voller Sonne und Glück, schlief tief und fest, und hörte nichts außer dem Knarren meines Bettgestells.

Doch auf Samtpfoten näherte sich der krönende Abschluss der Geschichte ausgerechnet mir ... Theobald spazierte durch die Tür!

Bei seinem Sprung aufs Bett weckte er mich. Ich schlug die Augen auf und sah direkt in seine. Dazu ertönte sein Katzenschrei, mit dem auf meiner Decke der riesigste See entstand, den eine Katzenblase je hergegeben hat.

Ein Tag im August

An diesen Tag kann ich mich sehr genau erinnern. Ja, sehr genau. Als wäre es gestern oder höchstens vorgestern gewesen. So klar und deutlich kann ich mich an das Ereignis, welches damals viele, sehr viele Menschen bewegte, und alle Menschen auf der Erde betraf, erinnern.
An einem 18. August vor sieben Jahren wurde unser aller Leben zutiefst verändert. Das ist mir deshalb so gegenwärtig, weil an diesem Tag der Geburtstag meiner Mutter ist und ich ihr fest versprochen hatte, in jenem Jahr ihren 70. Ehrentag gemeinsam zu feiern.

Wir hatten uns zunächst, als es geschehen war, nicht vorstellen können, was danach werden sollte...
Jahre und Jahrzehnte, immer wieder und beinahe täglich, wurde uns das Unvermeidbare erklärt. Tagungen und Konferenzen hatten sich mit dem, was am 18. August vor sieben Jahren erfolgte, beschäftigt. Bibliotheken mit Büchern, Zeitschriften und Zeitungen waren zu diesem Thema eingerichtet worden. Als es dann geschah, war dennoch die Überraschung in den Augen und den Gesichtern der Menschen nur allzu deutlich erkennbar. Wohl auch deshalb, weil kaum jemand daran geglaubt hatte, dieses Ereignis würde eintreten.

Eines Tages war es dann soweit. Wie bereits erwähnt, am Geburtstag meiner Mutter. Unverhofft aber lange erwartet, dann allerdings ohne Vorwarnung, drängte sich die unumkehrbare Tatsache, die heute gegenwärtig ist, in unser aller Leben, ohne sich

darum zu kümmern, willkommen zu sein oder nicht.
Wider alle Prophezeiungen dreht sich die Erde seit jenem 18. August weiter um die eigene Achse. Einmal in knapp vierundzwanzig Stunden. Die Sonne wandert, scheinbar, noch immer vom Osten zum Westen.
Menschen verlieben sich, wie seither, ineinander und zeugen Kinder, die 280 Tage später geboren werden. So, wie früher, als wir in einer scheinbar normalen und heilen Welt, weil uns bekannt und gewohnt, lebten.
Noch immer meinen viele, es sei alles so, wie vor dem Ereignis. Jedoch, Veränderungen stellten sich ein. Zuerst beinahe unbemerkt. Als die Medien diesen Veränderungen zunehmende Aufmerksamkeit widmeten, hatten alle dieses Andere schon immer bemerkt. Sagten sie zumindest. Darüber werde ich später noch berichten...
Ich könnte über meine Beobachtungen vor dem 18. August und auch über das, was nachher erfolgte, sprechen. Aber ich habe das geschriebene Wort gewählt. Man kann nur einmal etwas sagen. Das gesprochene Wort ist nur sehr schwer, meistens nicht, zu korrigieren. Geschriebenes hingegen ist für jedwede Veränderung empfänglich. Unpassende Worte können entfernt oder fehlende hinzugefügt werden. Und so bekommt mancher Text durch hinzufügen oder entfernen nur eines einzigen Wortes oder eines Satzzeichens eine vollkommen andere Bedeutung. In diesem Zusammenhang, nebenbei sei mir gestattet, das zu erwähnen, erinnere ich mich, was in dem Grammatikbuch aufgeschrieben war, aus dem wir in der fünften Klasse lernten:
Dem Henker wurde ein Mann übergeben. Weder seine Schuld und auch nicht seine Unschuld an einem Verbrechen waren eindeutig

nachgewiesen worden. Davon hörte der König und er schrieb den folgenden Satz auf: „Hängen kann man nicht laufen lassen!" Dem Henker wurde das Geschriebene übergeben mit der Aufforderung, sein Urteil durch Einfügen eines Kommas festzulegen. Der Henker überlegte nicht lange, setzte das Komma und ließ den Mann laufen... Das sei aber nur nebenbei erwähnt und erklärt vielleicht, warum ich mich lieber schriftlich äußere.

Doch zurück zu dem Ereignis am 18. August vor sieben Jahren!
Ich arbeitete damals freiberuflich als Fotograf und war darum bemüht, Höhepunkte des Weltgeschehens zu dokumentieren. Übrigens auch ein Grund dafür, warum ich selten zu Hause weilte und ein Satellitentelefon, neben meinen Kameras, das wichtigste Arbeitsmittel war.
Ich war keiner Bild- oder Presseagentur vertraglich verpflichtet, meine Bilder bot ich verschiedenen Nachrichtenbüros zur Veröffentlichung an. Zuerst selbstverständlich denjenigen, die am besten bezahlten oder wenigstens die Veröffentlichung meiner Arbeiten weitestgehend garantierten. (Die Urheberrechte an den Fotos blieben stets bei mir, so dass ich auch für weitere Veröffentlichungen Anspruch auf das Autorenhonorar hatte.) Selbstverständlich musste ich darauf achten, kein Büro über Gebühr zu protegieren, sehr schnell könnten die anderen das Interesse an meinen Bildern und Fotoreportagen verlieren. Und Diener nur eines Herren zu sein, ist niemals gut! Im Gegenteil! Abhängigkeiten sind dann stets vorbestimmt.
Ich befand mich vor sieben Jahren ab Anfang August in der Namib-Wüste, um für den Kalender eines der bekanntesten

Wissenschaftsmagazine Frankreichs im Brandbergmassiv zu fotografieren. Die Arbeiten waren beinahe abgeschlossen, es muss, wenn ich mich recht erinnere, am 14. August gewesen sein, als ich einen Anruf meines Agenten aus Rom erhielt.

Bruno vertrat seit vielen Jahren meine Interessen gegenüber den Nachrichtenagenturen und während dieser Zeit hatte sich das anfangs unterkühlte Miteinander zwischen uns zu einem herzlichen und sehr freundschaftlichen Verhältnis entwickelt. Bruno hatte mich während unserer Zusammenarbeit noch nie enttäuscht, was dazu führte, dass ich uneingeschränktes Vertrauen zu ihm hatte. Wenn Bruno mir nun an diesem Tag Mitte August erklärte, ich muss sehr schnell, möglichst sofort, meine Arbeit in der Namib-Wüste beenden und auf die arabische Halbinsel fliegen, dann konnte ich mich unbedingt darauf verlassen, er schickt mich nicht wegen irgendwelcher unbedeutender Dinge vom 25. Breitengrad südlich des Äquator zum 25. nördlichen Breitengrad.

Leider störte irgendein technischer Defekt die telefonische Verbindung via Satellit zwischen Bruno und mir, so dass ich nur bruchstückhaft erfahren konnte, was er mitzuteilen hatte. Eigenartigerweise aber alles das, was für mich wichtig war und was ich hier wiedergebe:

„...musst du sofort deine Arbeit beenden... 18. August... Saudi-Arabien lädt ein... Treffen aller UNO-Staaten... Fotos bereits zugesagt... Koffer mit persönlichen... Flughafen Riad... mein Lieber, dringend..." Danach war nur noch Rauschen und Knattern in meinem Telefon zu hören...

Diese, mir noch in Erinnerung gebliebenen Satzfetzen, waren unterbrochen von meinen beinahe flehentlichen „Hallo"- Rufen.

Da meine Arbeit in Namibia ohnehin, bis auf einige ergänzende Tätigkeiten und Kleinigkeiten getan war und ich zwei oder drei Tage Urlaub dort verbringen wollte, überlegte ich nicht lange und traf alle Vorbereitungen für meine Abreise.

Am nächsten Morgen, gegen sieben Uhr, bestieg ich in Windhoek das Flugzeug nach Kapstadt und flog von dort weiter nach Dubai und dann nach Riad, der Hauptstadt Saudi-Arabiens. Dort landete ich gegen Mitternacht und holte die für mich deponierte Tasche mit einigen persönlichen Dingen ab. Gleichzeitig wurde mir ein verschlossener Briefumschlag übergeben. Ich hatte den Umschlag geöffnet, an der Schrift erkannte ich Bruno als den Absender, als ein Mann neben mich trat und sich nach meinem Namen erkundigte.

Als ich dem Fremden die erwünschte Auskunft zunächst verweigerte, zeigte er mir seinen Ausweis, der ihn als Mitarbeiter der Regierung legitimierte.

„Wir haben Sie zu uns gebeten", sagte der Fremde, „weil wir Ihre Arbeit als Fotograf schätzen und der Meinung sind, Sie und Ihre Bilder stehen für absolut loyale und dennoch neutrale Berichterstattung!"

„Das ehrt mich. Sehr sogar. Aber sagen Sie mir bitte, weshalb Sie mich über meinen Agenten nach Riad gebeten haben!"

„Sie sind mein persönlicher Gast und ich werde Sie zunächst zu den Einreisebehörden begleiten. Ich hoffe, in Ihrem Pass sind keine israelischen Stempel!"

Ich hatte vor Antritt meiner Reise nach Namibia einen neuen Reisepass erhalten und konnte diese Frage mit ruhigem Gewissen verneinen.

„Das ist gut so. Ansonsten hätten wir die ersten Schwierigkeiten und Sie müssten mit einer Geldstrafe rechnen!"

„Warum?", fragte ich.

„Weil Sie in diesem Falle versucht hätten, ohne alle gültigen und notwendigen Papiere in unser Land einreisen!"

„Aha! Wegen des Stempels eines anderen Landes in meinem Pass?"

„Wegen eines bestimmten Stempels!"

Ich antwortete nicht und erwiderte auch nichts. Stattdessen fragte ich meinen Begleiter:

„Und weshalb begleiten Sie mich zu den Einreisebehörden?"

Der Mann zog einen Brief aus der Tasche und sagte:

„Deshalb! Das ist meine Einladung an Sie zum Besuch unseres Landes. Ich habe aufgeschrieben, warum Sie in unser Land kommen müssen. Das legen wir der Einreisebehörde vor, weil es ein Teil der benötigten Formulare ist."

Es war schon sehr verwunderlich, dass ich in einem mir fremden Land einem mir fremden Mann widerspruchslos folgte. Aber irgendetwas in meinem Innersten sagte mir, dem Menschen konnte ich trauen. Aber eigenartig war das schon, damals in Riad auf dem Flughafen...

Die Mienen der finster dreinblickenden Männer in der Einreisebehörde wurden augenblicklich freundlicher, als sich mein Begleiter mit seinem Dienstausweis legitimierte und den Beamten einige Worte gesagt hatte. Er zeigte den Männern den Brief mit der Einladung. Dann sprach mein Begleiter wieder mit den Beamten in der Behörde, offenbar forderte er sie auf, mir das Einreisevisum in den Pass zu stempeln. Als das erledigt war, schob mich der Mann zum Ausgang und wir gingen zum Taxistand. Während wir einige

Augenblicke warteten, sagte der Mann:

„Es ist durchaus üblich, Besuchern den Aufenthalt auf eine bestimmte Region, manchmal auch nur Ortschaft oder Stadt, zu gestatten. Einen derartigen Stempel haben Sie nicht im Pass, Sie können sich also frei im Lande bewegen. Was Sie dürfen und was nicht, erkläre ich Ihnen später. Am besten ist es, Sie fragen mich, ehe Sie etwas falsch machen!"

„Mach' ich!"

„Wo haben Sie ein Zimmer reserviert?", fragte mich mein Begleiter. Bruno hatte sogar daran gedacht, mir in einem gut geführten Mittelklasse-Hotel zunächst erst einmal drei Übernachtungen zu reservieren, von denen ich nur den tatsächlichen Aufenthalt bezahlen musste. Ich nannte meinem Begleiter die Adresse.

„Da hat ihr Freund eine gute Wahl getroffen! Ich werde Sie dorthin begleiten!"

„... und mich dann, hoffentlich alleine lassen, so wertvoll deine Bemühungen auch bisher gewesen sind...", dachte ich.

Und als ob mein Begleiter meine Gedanken erahnt hatte, meinte er:

„Dann ruhen Sie sich erst einmal aus. Morgen sehen wir weiter! Und die Kosten für Ihre Übernachtungen... Sie sind unser Gast!"

„Danke!"

Mein Begleiter war mir später im Hotel noch beim Ausfüllen des Anmeldeformulars behilflich und ging mit mir bis vor die Tür meines Zimmers. Dann sagte er:

„Ich werde morgen um 10 Uhr am Vormittag am Empfang auf Sie warten!"

Später im Zimmer, als ich im Bett lag, dachte ich:

„Nun hatte mich Bruno aus der Namib-Wüste in dieses angenehme

Hotel mitten in der Altstadt von Riad geschickt. Aber was ich hier sollte, das wusste ich noch nicht. Aber vielleicht wird mir das der freundliche Herr erklären!"
Dann schlief ich ein...

Meine Unterkunft lag in einer ruhigen Seitenstraße am Rande des Stadtzentrums von Riad. Ich trat nach dem Aufwachen am nächsten Morgen an das Fenster und stellte fest, das Hotel bestand aus mehreren Gebäuden, die um einen Innenhof angeordnet waren und ein abgeschlossenes Quartier zwischen den Straßen bildeten. Die unterschiedlich hohen Häuser waren durch Treppen, Umgänge und Zwischenbauten miteinander verbunden. An der linken Längsseite, vom Fenster meines Zimmers betrachtet, war der Eingangspavillon.
Im Innenhof des Hotels sprudelten kleinere und kleinste Springbrunnen, zwischen denen Beete mit den unterschiedlichsten Pflanzen angelegt waren, unter anderem auch ein Kräutergarten für die hoteleigene Küche.
Ich war am Morgen nach meiner Ankunft sehr zeitig erwacht und hatte nun ausreichend Zeit, bis mein Begleiter kommt.
Diese Zeit nutzte ich für einen längeren Aufenthalt unter der Dusche und ein anschließendes, ausgiebiges Frühstück.
Pünktlich um 10 Uhr betrat ich die Empfangshalle und bemerkte, ich wurde bereits erwartet. Als mich mein Begleiter sah, kam er mir freundlich lächelnd entgegen und erkundigte sich nach meinem Wohlbefinden.
Dann erklärte er mir nochmals, die Regierung seines Landes sei von meiner Bildberichterstattung überzeugt und habe mich deshalb gebeten, zu kommen.

„Was bitte soll ich für Sie fotografieren?", fragte ich.
Doch mein Begleiter ignorierte meine Frage und sagte mir, er würde mit mir jetzt etwa zwei Stunden, vielleicht auch drei, bis nach Al Hasa fahren:

„Dort werde ich Ihnen Weiteres erklären! Bitte, kommen Sie!", mein Begleiter wies mir den Weg zur Tür, vor der in diesem Augenblick ein schwarz lackierter Jeep vorfuhr und ich bemerkte, der Fahrer und mein Begleiter nahmen Blickkontakt miteinander auf. Dann, im Auto, als wir bereits auf der Wüstenstraße fuhren, sagte mein Begleiter:

„Wir hätten auch mit einem kleinen Flugzeug oder einem Hubschrauber fliegen können. Ich bin aber der Meinung, eine Fahrt mit dem Auto durch die Wüste ist für Sie interessanter. Zumal ich davon ausgehe, dass es Ihnen kaum möglich sein wird, noch einmal, ohne dass Gründe vorliegen, die von unseren Behörden akzeptiert werden, in unser Land zu kommen. Sie wissen, die Einreisebestimmungen ..."

„Ja, ja!", murmelte ich, sah aus dem Fenster und dachte daran, noch immer nicht zu wissen, was hier, mitten in der arabischen Wüste, mein Auftrag sein könnte ...

Ich weiß nicht, wie lange wir an den unterschiedlichen Wüstenformationen vorbei fuhren, als mein Begleiter begann, mir über unser Reiseziel zu berichten:

„Sie konnten sich seit unserer Abfahrt davon überzeugen, unser Land macht einen eher unwirtlichen Eindruck. Nun, das ist nur eingeschränkt richtig. Zwar werden von den rund zwei Millionen Quadratkilometern, die unser Land groß ist, nur etwa ein Prozent landwirtschaftlich genutzt, das dafür aber mit großem Erfolg.

Wichtig dafür sind allerdings Wasservorräte. Wir fahren jetzt, ich sagte es vorhin bereits, zur Oase Al Hasa auf dem 25. nördlichen Breitengrad. Al Hasa ist eine der ältesten und größten Oasen im Mittleren Osten. Bekannt ist bereits eine Besiedelung in der Antike. Übrigens, neben Al Mubarraz ist Al Hufuf eines der Zentren dieser Oase, in der heute etwa 650 Tausend Menschen leben. Neben der Ölindustrie ist die Landwirtschaft mit den beinahe unzähligen Dattelpalmen, derzeit etwa 2,5 Millionen, der wichtigste Erwerbszweig ..."

Mein Begleiter sah einige Augenblicke zum Fenster hinaus auf die Wüste. Dann sprach er weiter und sagte:

„Die Oase wird aus dreißig artesischen Brunnen bewässert. Wissen Sie, was das ist?"

„Ja, so ungefähr. Wenn ich mich recht an meine Schulzeit erinnere, tritt aus einem artesischen Brunnen das Grundwasser aus einem gespannten Grundwasserleiter. Das Druckniveau des Grundwasser muss auf jeden Fall größer sein als der Abstand zur Erdoberfläche. Was ja dann auch bedeutet, die Oase Al Hasa befindet sich in einer Senke ... Irgendwo muss der Druck auf das Grundwasser herkommen ..."

„Das weiß ich nun wieder nicht. Allerdings ist der Grundwasserspiegel in den vergangenen Jahren gesunken, weshalb auch Grundwasser aus tieferen Schichten nun gepumpt werden muss ..."

„Das sind dann allerdings keine artesischen Brunnen!", erwiderte ich.

„Ja! Neben den Dattelpalmen werden Zitrusfrüchte, Reis und Futterpflanzen angebaut. Bedeutend ist auch die Viehhaltung, besonders die von Schafen, Rindern und Geflügel! Übrigens, die Oase Al Hasa befindet sich am Rand des weltweit größten Ölfelds Ghawar!"

Nachdem mein Begleiter das gesagt hatte, wendete er sich wieder der Betrachtung der Wüste zu und unterhielt sich mit dem Fahrer in arabischer Sprache. Worüber, habe ich nie erfahren ...

Nach einer weiteren Stunde Fahrt durch die Wüste erreichten wir die eine kleinere Anhöhe und mein Begleiter bedeutete dem Fahrer, anzuhalten. Wir stiegen aus dem Jeep und standen zur Mittagszeit in der glühenden Hitze der Wüste, in der um diese Tageszeit Temperaturen um 50 Grad Celsius keine Seltenheit sind.

Zunächst dachte ich, mein Begleiter und der Fahrer wollten sich zum Mittagsgebet zurückziehen. Doch mein Begleiter sagte zu mir:

„Dort unten, etwa da, wo die Felsen sind, werden wir die Tribüne für die Zuschauer errichten. Und dort gegenüber werden sich die Ehrengäste der Zeremonie aufhalten..."

„Welche Ehrengäste erwarten Sie?", fragte ich.

„Nun", erwiderte mein Begleiter, „wir erwarten Delegationen aus vielen Staaten der Erde. Genaue Zahlen kann ich Ihnen allerdings nicht sagen. Dafür sind die Mitarbeiter einer anderen Abteilung verantwortlich. Uns war es übrigen sehr wichtig, die Zeremonie erstens in der Nähe eines Flughafens und zweitens in der Wüste stattfinden zu lassen. Der Flugplatz von Al Dammam ist schnell über die Autobahn zu erreichen... Und Wüste haben wir genügend zur Verfügung..."

„Ja!", erwiderte ich und bevor ich weiter sprechen konnte, sagte mein Begleiter:

„Sie bekommen einen Presseausweis und einen von uns bestellten Begleiter. Grundsätzlich dürfen Sie alles fotografieren. Halten Sie sich allerdings bei Porträtaufnahmen sehr zurück. Im Zweifelsfall wird Ihr Eckermann Sie beraten...“

„Wer bitte?", fragte ich, „woher kennen Sie Eckermann?"

„Ich habe in Deutschland studiert. Germanistik und deutsche Literatur. Das ganze Programm. Bis zum Diplom...“

„Aha!", erwiderte ich und fragte:

„Und wer soll dann die Fotos erhalten?"

„Sie arbeiten im Auftrag unserer Regierung. Das heißt, wir sehen uns gemeinsam nach der Zeremonie da unten die Bilder an und wählen die für uns bestimmten aus. Die Bilder, an denen wir kein Interesse haben, können Sie weiter verwenden, nachdem wir uns auch die gemeinsam angesehen haben... Sie wissen, wir leben in einem streng gläubigen Land...!", mein Begleiter sah mich einige Augenblicke an, bevor er weiter sprach:

„Neben den offiziellen Bildern interessieren uns die Aufnahmen, die aus einem Versteck heraus gemacht wurden, natürlich symbolisch gemeint! Die Fotos, die, ebenso symbolisch... äh, ich meine durch das Schlüsselloch... Na, Sie wissen, was ich meine? Offizielle Fotografen haben wir an jeder Ecke zu stehen. Die knipsen ihre Motive und dann ist's gut...“

„Ich habe verstanden, was Sie meinen...", antwortete ich.

Mein Begleiter sah mich sehr lange an, dann sagte er:

„Wir holen Sie am 18. August, also übermorgen, früh gegen sechs Uhr, im Hotel ab und werden dann mit einem Hubschrauber hierher fliegen. An solch einem Tag zählt jede Minute. Da können wir nicht mit dem Auto in Ruhe durch die Wüste schaukeln!"

„Ja!", erwiderte ich.

„Ich werde Sie im Hotel abholen und Ihnen dann, wie sagte ich vorhin? Ach, ja, ich werde Ihnen dann Ihren Eckermann vorstellen. Der junge Mann hat übrigens an der Bergakademie in Freiberg studiert... Das nur zu Ihrer Information!"

„Ja, ja! Ist gut so!"

Nun wusste ich zumindest, in der Wüste wurden ausländische Gäste anlässlich einer für das Land bedeutenden Feierlichkeit empfangen. Deshalb, um von diesem Treffen Fotos zu machen, hatte man mich in die Wüste gebeten. Mit dieser Aufgabe war ich sehr zufrieden. Nur eines wusste ich damals noch nicht: Warum mitten in der Wüste, nahe eine der ältesten Oasen Arabiens, diese Veranstaltung durchgeführt wurde. Aber, so überlegte ich weiter, irgendjemand wird mir auch das, hoffentlich bald, erklären.

„Kommen Sie, wir fahren noch ein Stück durch die Wüste! Ich möchte Ihnen noch die Oase Al Hasa zeigen! Zumindest 'mal durchfahren!", sagte mein Begleiter und schob mich sanft zum Auto...

Der 18. August war ein Dienstag und so wie verabredet, trat ich um sechs Uhr am Morgen in die Empfangshalle, in der bereits mein Begleiter mit einem jüngeren Mann wartete. Dieser wurde mir als mein persönlicher Berater, „...ihr Eckermann", wie mein Begleiter lächelnd sagte, vorgestellt und wir wurden zum Flugplatz gefahren, um nach Al Hasa zu fliegen.

Nach einem halbstündigen Flug landete der Hubschrauber etwa an der Stelle neben der Wüstenstraße, an der wir vor zwei Tagen angehalten hatten. Mein Begleiter sagte:

„Ich muss Sie jetzt allein lassen. Sie sind wohl beide verständig genug, um miteinander auszukommen. Falls es irgendwelche Probleme geben sollte, hier ist meine Handy-Nummer. Aber bitte nur im alleräußersten Fall anrufen!"
In den vergangenen zwei Tagen war der Ort, an dem die Feierlichkeiten stattfinden sollten, grundlegend verändert worden. An den Seiten einer freien Fläche, etwa halb so groß wie ein Fußballfeld, waren weiße Zelte aufgebaut, die untereinander mit ebenfalls überdachten Gängen verbunden waren. Diese Konstruktion erinnerte mich an die Umgänge von Burgen in Mitteleuropa. Ein sehr großes Zelt befand sich an einer der schmalen Seiten und als wir uns später dem Platz näherten sah ich, dieses Zelt wurde von einer Vielzahl grimmig dreinschauender Männer bewacht und abgeschirmt.
Gegenüber diesem großen Zelt, an der anderen schmalen Seite, befand sich der Zugang zum Platz.

„Sie dürfen jetzt mit Ihrer Arbeit beginnen! Ich meine, fotografieren Sie!", wurde ich von meinem Berater aufgefordert, „aber vermeiden Sie möglichst einzelne Porträtaufnahmen!"

„In Ordnung!", erwiderte ich und begann, einige Panoramafotos, zunächst von der Gegend und dann vom Platz, anzufertigen.
Plötzlich konnte ich beobachten, wie sich eine Autokolonne sehr schnell näherte. Der junge Mann stellte sich neben mich und forderte mich auf:

„Jetzt fotografieren Sie bitte nicht!"

„Weshalb?"

„Der König kommt!"
Als Zeichen dafür, dass ich diese Anweisung befolgte, nahm ich den

Fotoapparat in meine hinter dem Rücken verschränkten Hände. Inzwischen war die Autokolonne auf dem Platz angekommen und hielt vor dem großen Zelt. Sofort wurden die Autos von Sicherheitsleuten umstellt und fuhren nach einem sehr kurzen Halt so schnell, wie sie gekommen waren, wieder davon.

„Das haben die Leute Hunderte Male geübt. Ich bin mir sicher, der König ist in der Zwischenzeit durch irgendeinen Nebeneingang in das Zelt geleitet worden!"

„Ist er etwa auch gar nicht mit der Wagenkolonne gekommen?", fragte ich.

Statt einer Antwort sah mich mein Berater an, sagte nichts und drehte sich von mir weg.

Ich ließ es dabei bewenden und fragte, ob wir näher an den Platz gehen könnten.

„Ja, sicher! Kommen Sie!"

Einige Minuten später standen wir nur wenige Schritte und im Schatten von den weißen Zelten entfernt und konnten das Geschehen beobachten. Trotz der beinahe unzähligen Menschen, die mit der Vorbereitung der Zeremonie, von der ich noch immer nicht wusste, warum sie stattfand, beschäftigt waren, und die geschäftig ihren Aufgaben nachgingen, verspürte ich eine beeindruckende Ruhe und Gelassenheit in ihrem Tun. Ich hatte den Eindruck disziplinierter Professionalität.

Wieder berührte mich mein Berater leicht am Arm und sagte, in wenigen Augenblicken würden die Minister erscheinen und unmittelbar danach die Delegationen aus beinahe allen Ländern der Welt.

Er hatte den Satz noch nicht zu Ende gesprochen, als erneut eine

Kolonne schwarz lackierter Autos auf den Platz rollte.

„Die Mitglieder der Regierung!", sagte der Mann an meiner Seite, „für sie sind die Zelte rechts und links von dem des König reserviert. Übrigens, nach streng vorgeschriebenen Regeln!"

„Aha!", erwiderte ich.

Als die Minister und ihre Begleitungen die Zelte betreten hatten, fuhren wieder Autos auf den Platz.

„Jetzt beginnt die Anreise der ausländischen Gäste! Auch das ist streng geregelt und wird etwa eine Stunde andauern. Zuerst die mit unserem Land sehr eng befreundeten Staaten... Na, und so weiter! Übrigens, Sie dürfen fotografieren. Die Leute vom Sicherheitsdienst haben nichts dagegen..."

Ich ging einige Schritte, bis ich neben dem letzten Zelt auf der Längsseite des Platzes eine für meine Fotografien gute Sicht hatte und drückte auf den Auslöser meiner Kamera, die ich auf ‚Automatik' eingestellt hatte. So war es mir möglich, innerhalb von Sekunden Dutzende Aufnahmen zu machen. In einem unbeobachteten Moment konnte ich außerdem die Fotos von der Kamera auf einen USB-Stick laden. Ich wollte meinen Gastgebern nicht alle Bilder überlassen...

Ich bemerkte, wie mein Berater sich neben mich stellte und sagte:

„Fotografen haben irgendwie einen angeborenen Instinkt für gute Standorte. Und diese Stelle ist so beschaffen. Man wird selbst kaum bemerkt, kann aber vieles sehen..."

Plötzlich kam mein Begleiter und forderte uns auf, sofort den Platz zu verlassen und unverzüglich mit dem Hubschrauber nach Riad zurückzukehren. Die letzten Worte, die ich von ihm hörte, waren:

„Wir treffen uns in Ihrem Hotel. Habe ich mich bis morgen Abend nicht bei Ihnen gemeldet, verlassen Sie das Land. Ein Ticket liegt am Flugplatz für Sie bereit. Dann nehmen wir später Kontakt zu Ihnen auf!"

Als sich mein Begleiter bis zum Abend des 19. August nicht bei mir gemeldet hatte, packte ich meine wenigen persönlichen Dinge ein und ließ mich mit einem Taxi zum Flugplatz fahren. Vorsorglich war es mir noch möglich gewesen, meine Kamera und den Stick von dem jungen Mann, meinem Berater, verschließen und mit einem amtlichen Siegel der Regierung kennzeichnen zu lassen. So wurden beide Geräte nicht kontrolliert und die Aufnahmen blieben erhalten...

(Ich hatte selbstverständlich nicht erwähnt, dass sich auf dem Stick Kopien der Aufnahmen vom Platz befanden. Vielmehr erklärte ich, mir seien die Aufnahmen aus Namibia, woher ich nach Arabien gekommen war, ebenso wichtig...)

Zwei Tage später, als ich in meiner Hamburger Wohnung den Fernseher anschaltete, wurde darüber berichtet, dass am 18. August in Ghawar, dem größten Ölfeld der Welt in der Wüste Saudi-Arabiens, das symbolisch weltweit letzte Barrel Erdöl gefördert und zu gleichen Teilen an die Vertreter aller Staaten der Welt übergeben wurde.

Warum mein Begleiter den jungen Mann und mich weggeschickt hatte, habe ich nie erfahren...

Postskriptum:
Beinahe hätte ich es vergessen. Nämlich, noch einige Worte über die Veränderungen auf der Welt zu schreiben, so, wie ich es anfangs erwähnt habe. In den ersten Wochen und Monaten nach dem 18. August vor sieben Jahren wurden nur noch elektrisch betriebene Autos zugelassen. Was zur Folge hatte, dass es auf den Straßen ruhiger wurde. Die Autos erzeugten nur unbedeutende Fahrgeräusche und glitten beinahe lautlos dahin. Dafür hatten die Statistiker einen erheblichen Anstieg der Verkehrstoten zu verzeichnen. Was nun wieder die Mehrzahl der Politiker veranlasste, sich für den á dato gewohnten Straßenlärm einzusetzen: „Wer die Gefahr nicht hört, kann sie auch nicht erkennen!", begründeten sie ihre Forderungen.

Man hatte, als sich die weltweiten Ölvorräte spürbar dem Ende entgegen neigten, die technischen Entwicklungen zur Produktion von elektrisch betriebenen Autos mit immensem Aufwand dann zur Serienreife gebracht. Auch hatte man begonnen, Elektroautos für die oft zitierte Halde zu produzieren. Selbstverständlich wollten allerdings viele Menschen mit ihren mittels Benzin und Diesel betriebenen Autos bis zum letzten Tropfen Kraftstoff fahren.

Neben vielen anderen Veränderungen konnten Wissenschaftler beobachten, dass der Anteil der Autoabgase an den Luftverschmutzungen innerhalb von Wochen nahezu verschwindend klein wurde. Elektrisch betriebene Autos erzeugen keine Abgase.

Um das Erdöl wurden seit Generationen Kriege geführt. Der letzte bekannte war der, als der Sohn im fernen Arabien den Vater rächen wollte. Den Vater, und nicht nur ihn, ereilte Anfang der 80-er Jahre des 20. Jahrhundert ein nicht kalkuliertes Schicksal in einer

arabischen Wüste. Zwanzig oder einige Jahre später bemühte sich der Sohn, die Familienschmach zu eliminieren, was versucht wurde, mit Lug und Betrug zu rechtfertigen.
Und das Erdöl machte Menschen steinreich, so wie den Griechen, den Tankerkönig, der eigentlich aus der Türkei kam, aus Izmir. Der heiratete, unter anderem, die Witwe eines Präsidenten und wurde mit ihr auch nicht so glücklich, wie erhofft. Waren das Öl und das Geld daran Schuld?

Schöne Aussicht

Am Fuß des „Hohen Berges", da wo die ersten Bäume standen, lebte ein wuscheliges, grau-braun getigertes Wesen. Es handelte sich um eine Wildkatze, genauer gesagt um einen Wildkater. Von seiner Rasse gab es nur noch wenige Exemplare hier im sogenannten „Zauberwald". Das schöne Tier saß auf einer Kiefer, die ihre Äste in alle Richtungen ausstreckte. Platz dazu hatte sie ja genug. Von diesem Baum aus war die Aussicht einfach grandios.
Der Wind pfiff laut und zornig. Um diese Jahreszeit war seine Stimmung nicht gerade die Beste. Der Kerl hatte von Natur aus ein etwas launisches Wesen. Heute noch lauwarm und mild, morgen stürmisch und kalt. An diesem Tag aber hatte er besonders schlechte Laune.
Alles in allem – nicht gerade gemütlich war es heute im schönsten Wald der Welt. Ein lautes Geräusch durchbrach das Fauchen des Windes. Es hörte sich an wie ein Kreischen, schrill und laut. Cäsar, der Kater, spitzte die Ohren. Was war da bloß los? Jemand flatterte durch die Äste, die sich im Wind bogen, dann landete ein großer schwarzer Rabe in einer Kuhle am Boden.

„Du liebe Zeit, diese Aufregung!" krähte er lautstark, „man hält es ja nicht für möglich!" Er zuckte aufgeregt mit seinem schwarzen Kopf und blinzelte in Richtung Wildkatze.

„Ja, was denn bloß?" maunzte diese genervt, „raus mit der Sprache. Was ist passiert?" Gregor, der Rabe schnappte nach Luft. „Ja, weißt du es denn noch nicht?" fragte er ungläubig, „wir haben eine Entdeckung gemacht. Die flatternden Meisen und natürlich meine Wenigkeit. In unserem Wald gibt es doch tatsächlich illegale Einwanderer. So eine Frechheit aber auch!" Er hüpfte hin und her und vor lauter Aufregung verlor er ein paar Schwanzfedern, auf die er so stolz war.

Cäsar sprang zu ihm auf den Waldboden herunter. „Einwanderer?" miaute er neugierig. „Wo kommen die denn her?"

Der Rabe schluckte. Dann begann er zu berichten: „Heute morgen, kaum war die Sonne aufgegangen, hörte die kleine Blaumeise ein verdächtiges Geräusch. Es kam von der tiefen Schlucht am Ende des großen Felsens her, ein Wimmern und Weinen, zum Steinerweichen. Also sagte sie ihrer Tante, der großen schwarzen Haubenmeise Bescheid. Die holte mich zur Unterstützung ihres Erkundungsfluges ab. Dabei habe ich gerade so gut geschlafen!" Gregor seufzte.

Der Katze riss langsam der Geduldsfaden. „Was zum Donnerwetter ist denn eigentlich passiert?" fauchte sie wütend.

Der Rabe stutzte. Dass Cäsar zur Rasse der Wildkatzen gehörte, wusste er ja. Aber so was von wild... na ja. Er sperrte den Schnabel auf und berichtete:

„Also, Tante Haubenmeise flog über die Schlucht. Mindestens dreimal, hat sie gesagt, sie wollte ja ganz sicher gehen. Dann hatte sie es entdeckt." „Ja, was denn, zum Kuckuck?" wollte Cäsar wissen, dem es langsam reichte. Geduld war nun mal nicht seine Stärke.

„Na, das Nest natürlich!" krähte der Rabe. „Ganz versteckt zwischen zwei großen Steinen, verdeckt von Sträuchern und Gestrüpp, ein wirres Gewusel von kleinen Tieren, alle mit Fell und sie schreien ganz erbärmlich!"

Dem Kater reichte es. Bis der Rabe herausgebracht hatte, was er wissen wollte, war es bestimmt schon Abend. Und womöglich war

es dann zu spät – vielleicht waren es ja nur Gäste auf der Durchreise, wer weiß? Dann wäre die ganze Aufregung umsonst gewesen, und wann geschah denn schon mal was Außergewöhnliches im Wald? Eigentlich war es doch ziemlich langweilig hier, das Höchste der Gefühle war ein Sturm, wenn der Wind wieder mal seine Launen hatte. Aber sonst tat sich doch eigentlich gar nichts Interessantes. Cäsar wusste das ganz genau, sein Aussichtsplatz war der Beste überhaupt. Er sah alles, was sich so abspielte in der Gegend.
Wenn also wirklich Fremde hier sein sollten, dann musste er sich sofort informieren. Womöglich waren das wirklich Einwanderer, von wer weiß woher, exotische Wesen sozusagen. Er macht sich also auf zur Schlucht. Leise und unheimlich schnell sprang er von Baum zu Baum, zwischendurch nahm er eine Abkürzung durch den Bach, der große Steine mit sich führte. So bekam er nicht mal nasse Füße.
Dann stand er am Rand der Schlucht. Er sah sich vorsichtig um und nachdem die Luft rein war, schlich er auf leisen Pfoten hinunter zu dem geheimnisvollen Nest. „Miau, miau!" tönte es ihm entgegen. Cäsar stutzte. Das war ja seltsam! In dem wolligen Nest aus Vogelfedern kugelten drei kleine Kätzchen herum. Komischerweise hatten sie dieselbe Farbe wie er. Grau-braun getigert. Und ein Temperament – seltsam. Fast so wie er als kleines Katerchen, wenn er sich recht erinnerte.
Cäsar bekam runde Augen. „Was macht ihr denn hier?" wollte er wissen. „Hallo, Papa!" maunzte ein kleines Fellknäuel. „Mama lässt dir ausrichten, jetzt bist du dran. Du erinnerst dich doch noch – letztes Jahr im Frühling? Die schöne, stolze Perserkatze aus dem Dorf, die einmal auf Entdeckungsreise in den Wald ging. Meine Schwestern sind das Abbild von ihr. Du hast ihr den Kopf verdreht,

und wir sind das Ergebnis eures Flirts!"
Der Kater schluckte. Das war ja so was von peinlich. Er, der stolze, kluge Kater hatte drei uneheliche Kinder. Wenn das einer mitkriegte! Von wegen Einwanderer, da sah man wieder mal, was die flatterhafte Gesellschaft der Meisen im Kopf hatte!
Was sollte er jetzt bloß machen? „Nur keine Panik!" sagte er zu sich selbst, „einfach nicht auffallen!" Er schnappte eines der Kätzchen am Kragen und trug es so schnell wie möglich hinauf zu seinem Zuhause, oben am „Hohen Berg".
Dann holte er nacheinander die beiden anderen, ganz schöne Schlepperei, aber schließlich hatte er es geschafft.
So leise wie möglich verstaute er sie in einem kleinen Bett aus Moos und schließlich hörte er auf zu schwitzen.
Es gibt eben Situationen im Leben, die muss man akzeptieren. Ab heute war er stolzer Vater und Beschützer seiner Nachkommen. Die Frau Mama würde sich hoffentlich auch wieder mal sehen lassen im Zauberwald. Wenn er an ihre süße Stupsnase dachte….
Von diesem Tag an war Cäsar nie mehr langweilig. Seine drei Kinder hielten ihn ganz schön auf Trab, sie hatten nichts als Unsinn im Kopf. Manchmal, wenn er auf seinem Lieblingsplatz im Ast der großen Kiefer saß, dachte er bei sich selbst: „Na, das sind ja wirklich schöne Aussichten!"

Lucky, der kleine Stubentiger

Es ist noch gar nicht lange her, da ging eine Familie spazieren. Sie ahnten nicht, dass dies ein ganz besonderer Tag werden sollte.
Vater Gerd und Mutter Andrea fragten die beiden Kinder was sie denn heute machen wollten denn es war ja Wochenende. Anton und Sindy meinten aus einem Munde: „Lasst uns doch in den Wald gehen und die Tiere beobachten." Anton meinte ganz kess:
   „Vielleicht sehen wir ja den Weihnachtsmann. Dann kann ich ihm den Weg zu uns nach Hause erklären, damit er ihn findet!"
Da lachten alle ganz laut. Papa sagte: „Na mal sehen, Anton, man weiß ja nie!" Also machten sie sich nach dem Mittagessen auf Weg Richtung Wald. Da schönes Wetter war, meinte der Vater: „Das Auto bleibt heute im Stall."
Sindy lachte „Im Stall? Ist es denn ein Pferd?" „Nein", meinte der Vater, „das sagte man bei uns früher so!"
Da lachten wieder alle.
Papa holte also alle Drahtesel aus der Garage. Mama packte in der Zeit einen Korb mit leckeren Sachen, verriet aber nicht, was genau darinnen war..
Dann ging es los, Richtung Wald, vorbei an den kahlen Feldern. In der Ferne sah Sindy auf einmal ein paar Rehe.
   „Papa schau mal, können wir uns die anschauen und hinfahren?" Aber Papa schüttelte den Kopf. „Halt, hier geblieben, Rasselbande, das könnt ihr nicht machen, die laufen eh weg wenn ihr näher kommt!"
Also hielten sie kurz an und beobachteten die Rehe. Nun begann

Anton auf einmal zu drängeln. „Mann, Leute, wir wollten doch in den Wald fahren! Ich wollte nicht erst morgen ankommen." „Was drängelst du so?"
Mama schaute ihn fragend an.

„Naja du weißt doch. Vielleicht ist gerade jetzt der Weihnachtsmann im Wald und dann haben wir ihn verpasst! Nur weil ihr die komischen Rehe anschauen wolltet!" „Ist ja schon gut!", meinte Sindy. „Dann lasst uns fahren, sonst haben wir gleich noch ein seltenes Tier hier zu sehen, einen kleinen Teufel!" Mama und Papa schauten sich an und lachten. „Na dann aber schnell auf die Räder, denn in die Hölle wollen wir nicht!"
Jetzt lachte auch Anton. Sie fuhren weiter. Am Wald angekommen, meinte der Vater: „Stellen wir unsere Räder an den Baum hier und gehen zu Fuß weiter!" Gesagt, getan.
Anton meinte: „Jetzt machen wir Heimatkunde in Natura!" „Oh nee!" entgegnete Sindy, „Keine Schule bitte!"
Sie gingen weiter in den Wald hinein, sahen auch hier und da ein paar Wildschweine und Hasen. Auch Rehe und Hirsche waren zu sehn. Aber auf einmal rief Sindy: „Seid bitte mal still! Ich habe etwas gehört!"

„Ach wer weiß, was du gehört hast!", meinte Anton, „vielleicht die Flöhe husten!" „Nein hör doch mal! Das ist, als ob jemand weint!"
Nun hörten auch Mama und Papa genauer hin. Es stimmte, was Sindy gesagt hatte, aber niemand wusste so wirklich, wo das Geräusch her kam, noch, was es wirklich war. Anton meinte: „Lasst uns nachschauen woher es kommt, dann werden wir ja sehen, was es ist!" Sie gingen vorsichtig weiter um das „Etwas" nicht noch mehr zu erschrecken oder ihm Angst einzujagen. Denn sie wussten ja nicht

was und wer sie erwarten würde. Langsam wurden die Töne lauter. Mama sagte: „Da ist jemand ganz schön erschöpft, so hört es sich an!" Sindy war ganz nah. ‚Aber man konnte erst überhaupt nichts sehen. Vorsichtig, einen Fuß vor den anderen setzend folgten sie den Lauten. Aber was dann zum Vorschein kam, hätten sie nicht erwartet. Denn hier im Wald fanden sie einen verschnürten Karton mit Löchern im Deckel! „Papa mach auf! Vielleicht hat der Weihnachtsmann hier was verloren!", meinte Anton.
Doch die Mutter entgegnete: „Anton, so was würde er nie tun."
„Papa, mach nun schnell die Kiste auf!", rief Sindy, „ich will seh´n was da drin ist!"
Papa holte das Taschenmesser aus der Hosentasche und schnitt das Band auf. Dann nahm er vorsichtig den Deckel ab und - ihr werdet es kaum glauben - dort saß eine kleine gefleckte Katze auf Zeitungspapier und miaute ganz kläglich. Mama erkannte sofort den Ernst der Lage, auch wenn beide Kinder das Kätzchen am liebsten gedrückt hätten. „Lasst uns schnell nach Hause fahren! Denn das arme Ding hier braucht erst mal Wärme und was zu essen und zu trinken. Denn sonst wird sie den nächsten Tag nicht mehr erleben!" Mama nahm ihren Schal ab und wickelte das winzige Wesen darin ein. Dann legte sie die kleine Katze in den Korb, denn Hunger hatte jetzt keiner mehr.
Alle wollten nur noch dem kleinen Wesen helfen. Sindy meinte gleich. „Mama, dürfen wir die behalten, bitte, bitte!" „Na mal schauen. Morgen werde ich mit dem kleinen Kater zum Doc gehen. Und danach werden wir weitersehen. Aber nun schnell Richtung Heimat!"
Zu Hause angekommen rief Mama sofort Dr. Lehmann an, den

zuständigen Tierarzt, da er ganz in der Nähe wohnte und ein Freund der Familie war. Sie erzählte ihm, was ihnen passiert war. Herr Lehmann versprach, gleich nach der Sprechstunde vorbeizuschauen, um den kleinen Stubentiger keinem weiteren Stress auszusetzen. Inzwischen hatten sie dem Kleinen ein Körbchen hingestellt mit einer weichen Decke. Dort legte Mama ihn vorsichtig hinein. Als es darum ging, dem Winzling einen Namen zu geben, wandte sich Mama eigentlich an Sindy mit ihrer Frage danach. Aber Anton schrie gleich: „Er soll Lucky heißen!"

Den Namen fanden alle gut. Auch dem kleinen Kater schien er zu gefallen, denn er tapste auf Anton zu, schaute ihn mit seinen großen Kulleraugen an und maunzte. Also sollte der Kleine ab sofort Lucky heißen. Und die Kinder hofften, er würde bleiben dürfen, wenn der Doc ihn erst einmal untersucht hatte.

Papa und Anton machten sich schon mal auf den Weg in ein Zoo-Fachgeschäft um Katzenfutter und ein paar Spielsachen zu holen. Auch eine Katzentoilette samt Streu durfte natürlich nicht fehlen. In der Zwischenzeit klingelte es an der Haustür. Sindy lief hin und schaute wer dort sei. „Mamaaaaaaaa" rief sie ganz laut, „der Herr Lehmann ist da und will nach Lucky schauen!" Dann ließ sie ihn rein und zeigte ihm den Weg ins Wohnzimmer. Lucky versteckte sich unter dem Schrank, sodass sie ihn erst suchen mussten. „Du kleiner Stromer, komm mal her!", meinte Herr Lehmann und holte Lucky hervor. Dieser miaute, als gälte es sein Leben. Alle lachten laut los. Herr Lehmann meinte: „Na, seiner Stimme nach zu urteilen geht es ihm schon wieder besser!" Dann setzte er Lucky auf den Tisch und hörte ihn ab. „Alles in Ordnung!", meinte er nach einer Weile. „Aber was wollt ihr jetzt mit dem Kater machen?" „Wir wollen ihn

behalten!", sagte Sindy. „Mama, Mama sag jaaaaaaaaaaaaaa, bitte!"
Papa und Anton waren auch gerade gekommen. Und Anton hatte die Frage gerade noch gehört, und rief: „Lucky gebe ich nicht mehr her, das ist mein kleiner Stubentiger. Ich kümmere mich ganz allein drum. Bitteeeeeeeeeeeeeeeeeeeee, Bitteeeeeeeee, Mama!" Die Eltern, die ihren Kinder nichts abschlagen konnten, schauten sich an und meinten dann: „OK, wir versuchen es mal 14 Tage! Sollte es nicht klappen, muss er doch ins Tierheim!"
Die Kinder willigten ein und auch Lucky schien verstanden zu haben, denn der sprang wie ein kleiner Wirbelwind durch die Stube und erkundete sein Revier. Nach drei Tagen war aus dem schüchternen Kater ein kleiner Frechdachs geworden.
Er versteckte immer einen Schuh, sodass man immer auf Suche gehen musste, wenn man mal weg wollte. Aber keiner nahm es ihnen krumm. Denn Lucky wurde zum Liebling der Familie. Nachts schlief er immer bei den Kindern und als ob man es ihm angewöhnt hatte, immer im Wechsel: mal bei Sindy und dann wieder bei Anton. Nur Papa musste immer aufpassen, dass er die Tür zum Schlafzimmer zumachte, wenn er schlafen ging. Denn Lucky würde ihn sonst in den Zeh beißen, da Papa im Schlaf immer damit wackelte.
Aber ansonsten war er ganz pflegeleicht. Und eines Abends beim Essen meinte Anton: „Mensch, gut, dass wir zur richtigen Zeit im Wald waren. Auch wenn ich nicht den Weihnachtsmann getroffen habe. Aber dafür habe ich einen kleinen vierbeinigen Freund gefunden. Und das ist das Beste, was uns passieren konnte!" Lucky, als ob er es verstanden hätte, sprang Anton auf den Schoss und leckte ihn ab. Da lachte die ganze Familie.

Seitdem ist der kleine Stubentiger Lucky ein Teil der Familie und keiner kann sich ein Leben ohne ihn noch vorstellen. Und stellt Euch vor, die Familie überlegt schon, ob sie sich einen Spielkameraden für Lucky zulegen sollen. Aber das wird in einer anderen Geschichte erzählt!

Rivalinnen

Da lag sie auf der schönen Häkeldecke, einem Erbstück meiner verstorbenen Oma, behaglich ausgestreckt und zufrieden schlummernd.

„Runter vom Bett, du hast hier nichts zu suchen!" schimpfte ich ungehalten.

Träge hob sie ihren Kopf. Ihre grünen Augen waren vorwurfsvoll auf mich gerichtet. Sie gähnte, streckte sich und legte sich wieder hin.

„Sieh zu, das du endlich Land gewinnst, das hier ist mein Reich!" versuchte ich ihr klar zu machen.

Mit einem Satz war ich bei ihr und versuchte, sie aus meinem Bett zu ziehen. Mit aller Macht krallte sie sich an der Decke fest, so sehr, dass diese unschöne Fäden zog. Mir war zum Heulen, als ich die verunstaltete Decke betrachtete.

„Du verdammtes Mistvieh!" schrie ich hysterisch.

In diesem Moment hörte ich die Wohnungstür klappen. Sofort sprang Bella aus dem Bett.

xxx

Als ich in den Flur trat, sah ich Tom und Bella in trauter Zweisamkeit. Zärtlich schmiegte sie ihren Kopf an sein Gesicht. Dieser Anblick brachte mich erneut in Rage.

Ich konnte es nicht ertragen und fragte mich, was dieses rothaarige Biest an sich hatte, dass Tom so fasziniert von ihr war. So konnte es nicht weiter gehen.

„Hallo meine Süße, du machst ein Gesicht wie zehn Tage Regenwetter!" stellte Tom fest. Liebevoll hauchte er einen Kuss auf meine Wange, während Bella mich misstrauisch beäugte.

„Ich habe es satt, Tom!" beschwere ich mich sogleich.

Überrascht sah er mich an.

„Gestern hat Bella meine neuen Dessous von der Leine gefetzt und heute hat sie die Decke meiner Großmutter ruiniert!" schleuderte ich ihm entgegen.

„Reizwäsche kann man ersetzen und die Decke deiner Oma hat auch schon mal bessere Zeiten gesehen, insofern also kein Problem!" meinte Tom lapidar und machte eine wegwerfende Handbewegung.

„Und du unterlässt in Zukunft solche Sachen. Schließlich sollen meine beiden Frauen einmal Frieden schließen!" wandte er sich an Bella, die ihren Kopf zärtlich an seinem Kinn rieb.

xxx

Ich verließ den Flur, verzog mich ins Badezimmer, denn ich spürte unbändige Wut in mir aufsteigen und Tränen, die Tom nicht sehen sollte. Im Spiegel starrte mir ein Häufchen Elend entgegen. Tom wusste nur all zu gut, was mir die Decke meiner Omi bedeutete. Seine geringschätzige Aussage diesbezüglich, hatte mich zutiefst verletzt und mein Hass auf Bella wuchs immer mehr. Sicherlich wusste ich von Anbeginn unserer Beziehung, dass Bella die Nummer Eins in seinem Leben war. Wie oft hatte ich mir diese Geschichte anhören müssen, als er Bella eines Tages total heruntergekommen am Straßenrand fand. Vier Jahre war das nun schon her. Tom meinte, sie hätte sehr viel durchgemacht. Er hatte sie liebevoll wieder aufgepäppelt und seit an waren die beiden unzertrennlich. Dass diese Liebe jedoch so intensiv war, hatte ich mir nicht vorstellen können. Einmal mehr kam ich mir wie das fünfte Rad am

Wagen vor. Ich schniefte laut und wischte mit dem Ärmel die Tränen aus den Augen. Oma hätte jetzt sofort ein Taschentuch aus ihrer Kittelschürze geholt und mir die Nase geputzt. Bei diesem Gedanken huschte ein klägliches Lächeln über mein Gesicht.

xxx

Es klopfte an der Badezimmertür.

„Laura! Bist du fertig? Der Tag war lang und ich brauche dringend eine Dusche!" rief Tom durch die geschlossene Tür.

Meine Wut richtete sich sofort gegen ihn. Die Decke meiner Oma war ihm egal, aber er wollte duschen, als wäre alles vollkommen easy. Ich entriegelte die Tür und stürmte, ohne einen Ton zu sagen, an ihm vorbei. Verblüfft starrte er mir nach. Seine fragenden Blicke bohrten sich förmlich in meinen Rücken.

Im Flur kam mir Bella entgegen. Stolz, mit erhobenem Haupt. Ich warf ihr einen hasserfüllten Blick zu. Sie bedachte diesen mit einem gefährlichen Fauchen. Dann schritt sie an mir vorbei, als sei ich Luft. Natürlich war ich hier der Eindringling, sie genoss schließlich Hausrecht. Dennoch hatte ich mehr Macht als sie, dachte ich jedenfalls noch zu Anbeginn. Nach zwei Monaten, in denen ich nun in Toms Appartement lebte, musste ich mich schließlich eines Besseren belehren lassen. Wenn hier jemand das Sagen im Hause hatte, dann Bella. Nicht Tom und ich gleich gar nicht. Bemerkte Tom nicht, was hier vor sich ging?

xxx

Als wir, nach einem relativ zermürbenden Abend, endlich im Bett lagen, kuschelte sich Tom zärtlich an mich heran. Zunächst versuchte ich, ihn meine Abweisung spüren zu lassen. Noch immer war ich zutiefst verletzt über seine Worte bezüglich der Decke meiner

Großmutter. Doch nach einer Weile gab ich seinen zärtlichen Bemühen nach. Er flüsterte mir liebevolle Worte ins Ohr, berührte mich genau dort, wo ich nur all zu gerne berührt werden wollte, so dass ich wie Wachs unter seinen Händen dahin schmolz und noch mehr von ihm wollte. Wir waren gerade mitten im Liebesakt, als es an der Tür kratzte. Sofort versteifte ich mich. Toms rhythmische Bewegungen wurden langsamer. Er hob lauschend den Kopf.

„Bella, jetzt nicht!" rief er energisch.

Sofort hörte das Scharren auf. Ich atmetet tief durch und entspannte mich wieder, während Tom seine Aktivitäten erneut auf nahm. Wir strebten gerade leidenschaftlich dem gemeinsamen Orgasmus entgegen, als mit einem lautem Knall die Tür auf sprang und Bella ins Zimmer trabte. Ihre grünen Augen funkelten in der Dunkelheit. Toms Glied erschlaffte in mir. Ich wand mich unter ihm hervor und schaltete die Nachttischlampe ein.

„Bella! Was soll dieser Unsinn?" fragte Tom sinnloserweise, während er die Bettdecke um seinen Körper wickelte. Bella sah von einem zum anderen.

„Sie ist eifersüchtig!" erklärte ich zornig.

„So ein Schwachsinn!" konterte er prompt, stand auf und ging auf Bella zu.

Sofort begann sie behaglich zu schnurren. Tom nahm sie in den Arm und redete zärtlich auf sie ein. Demonstrativ drehte ich mich weg, zog die Decke über meinen Kopf und kämpfte tapfer gegen die Tränen der Enttäuschung.

xxx

Am anderen Morgen stand ich gemeinsam mit Tom auf, obgleich ich noch eine Stunde im Bett hätte liegen bleiben können. Nach der nächtlichen Episode mit Bella in unserem Schlafzimmer hatte ich im Stillen einen Gedanken gefasst. Ich gab mich wortkarg an diesem Morgen, beschränkte meine Antworten nur auf das Notwendigste. Bella beäugte mich argwöhnisch. Als Tom mich zum Abschied in die Arme nahm und sagte: „Bis heute Abend, Süße", zog es mir schmerzhaft das Herz zusammen. Mein Entschluss jedoch stand fest. Ich hatte keine andere Wahl.

Kaum war er aus dem Haus, holte ich meinen Koffer aus dem Schrank, und begann zu packen. Viele Sachen hatte ich ohnehin noch nicht hier. Bella strich um mich herum und sah mich hinterlistig an.

„Ich räume das Feld wie du siehst. Du hast gewonnen" keifte ich.
Bella kniff die Augen zusammen.

Ich sah zu, dass ich fertig wurde, schließlich musste ich um neun Uhr im Büro sein. Deshalb schenkte ich der Rothaarigen keinen Blick mehr. Nachdem ich alles Notwendige zusammengepackt hatte, schleppte ich den Koffer hinunter zu meinem Auto. Als dieser im Kofferraum verstaut war, lief ich noch einmal nach oben. Dort setzte ich mich an den Küchentisch und schrieb eine kurze Nachricht an Tom. Eine Träne kullerte über meine Wange. Mein Hals fühlte sich plötzlich trocken und rau an. Doch es musste sein. Es gab kein Zurück mehr. Seinen Wohnungsschlüssel legte ich auf den Brief, zog die Tür nur hart ins Schloss und lief langsam die Treppe hinunter. An Bella verschwendete ich keinen Gedanken mehr, in der letzten Viertelstunde hatte sie mich gottlob mit ihrer Anwesenheit verschont.

xxx

Es war kurz vor Feierabend, als mein Telefon klingelte. Ein Blick auf das Display verriet mir, dass es Tom war. Ich zögerte kurz, ließ es jedoch einfach weiter klingeln. Er blieb hartnäckig. Susanne warf mir einen fragenden Blick zu, den ich ebenso ignorierte wie das Telefon. Dann stand sie resolut auf und nahm den Hörer ab.

„Hallo Tom! Laura ist gerade nicht im Büro. Soll ich ihr etwas ausrichten?" ließ sie verlauten.

Ich warf ihr einen dankbaren Blick zu, sie lauschte auf das, was Tom ihr sagte.

„Natürlich, ich richte es Laura aus, sobald sie wieder an ihrem Platz ist!" sagte sie, verabschiedete sich höflich und legte den Hörer auf.

Dann sah sie mich erwartungsvoll an. Nun kam ich nicht mehr umhin, ihr eine Erklärung abzuliefern. Also tat ich es. Susanne nickte mir aufmunternd zu und bestätigte mir, dass ich vollkommen richtig gehandelt hätte.

Warum jedoch fühlte ich mich dennoch so schrecklich?

„Bella ist verschwunden und Tom ist sehr verzweifelt!" ließ sie plötzlich verlauten.

„Bella ist weg?" fragte ich fassungslos.

Susanne erzählte mir, dass Tom völlig aufgelöst gewesen sei, weil seine geliebte Bella verschwunden war. Scheinbar hatte er meinen Brief noch gar nicht wahrgenommen, den ich ihm hinterlassen hatte, schlussfolgerte ich. Es ging ihm tatsächlich nur um Bella.

„Siehst du! Genau dass ist es, was ich meine, Susi! Er liebt dieses Biest mehr als mich", schniefte ich.

Susanne nahm mich tröstend in den Arm.

xxx

Nach Feierabend, ich saß bei Susanne im gemütlichen Wohnzimmer bei einer Tasse Kaffee und einem großen Stück Sahnetorte, schrillte

mein Handy.
Ich drückte den Knopf und sofort erklang Toms aufgeregte Stimme.
„Na endlich, Laura! Seit Stunden versuche ich, dich zu erreichen!" sagte er.
Er sprach weiter, ohne Luft zu holen.
„Bella ist verschwunden! Hast du etwa die Wohnungstür offen gelassen, dass sie raus schlüpfen konnte? Hast du sie vertrieben, weil sie dir im Wege ist?"
Das waren keine Fragen, dass waren infame Unterstellungen und in mir brodelte die Wut.
„Nicht Bella ist weg, Tom! Ich bin diejenige, die das Feld geräumt hat, falls du es noch nicht begriffen hast!" schrie ich aufgebracht.
Am anderen Ende herrschte plötzlich Totenstille. Nach einem kurzen Räuspern fragte er leise:
„Wie soll ich das denn jetzt verstehen, Laura?"
Ich erklärte ihm alles und wies auf den Brief hin. Scheinbar nahm er diesen erst jetzt wahr.
„Laura, Süße! Ich liebe dich! Bella hat mit uns doch nichts zu tun. Sicherlich verwöhne ich sie maßlos und ganz bestimmt macht sie es dir nicht leicht. Aber nun ist sie weg und du bist weg. Was soll denn nun werden?", meinte er traurig.
„Suche du nach Bella und lasse mir etwas Zeit!", antwortete ich.
Ich wollte sehen, was er tat, um mich zurück zu gewinnen. Bella oder ich!
Aber wo war sie eigentlich?
Wir beendeten alsbald unser Gespräch. Dann trank ich einen belebenden Schluck Kaffee, sammelte meine Gedanken und erzählte Susanne von meinem Gespräch mit Tom.

xxx

Am nächsten Morgen erwachte ich völlig verdutzt auf Susannes Sofa. Langsam erhob ich mich und ging in die Küche, wo Susi bereits den Frühstückstisch gedeckt hatte. Nach kurzer Konversation entschuldigte ich mich, um endlich meinen Koffer aus dem Auto zu holen. Ich brauchte unbedingt frische Kleidung.

Als ich die Heckklappe öffnete schlug mir ein beißender Geruch entgegen. Der Geruch war einfach überall. Katzenpisse! Kam es mir plötzlich in den Sinn. So ähnlich roch es, wenn das Katzenklo voll war, nur nicht so penetrant intensiv.

Genervt schlug ich die Kofferraumklappe zu. In Susannes Wohnung öffnete ich die Schnappverschlüsse meines Koffers. Der Deckel öffnete sich und mir entgegen sprang mit lautem Geschrei ein Fellknäuel. Erschrocken wich ich zurück und fiel auf meinen Hintern. Das kläglich jammernde Bündel an meiner Brust zitterte wie Espenlaub. Ich sah nur rotes Fell. Es war total zerzaust. Der beißende Gestank aus meinem Koffer raubte mir beinahe die Sinne.

Als ich mich von meinem Schrecken erholt hatte, versuchte ich Bella von mir abzuschütteln. Doch sie krallte sich an mir fest und leckte mit ihrer rauen Zunge über meine Wange.

„Lass diesen Blödsinn!" fauchte ich sie an und wischte mit dem Handrücken die nassen Spuren der Katzenzunge weg.

„Meine Klamotten stinken erbärmlich!" schimpfte ich ärgerlich.
Bella rieb ihren Kopf an meinen, als würde sie damit ihre Schandtat wieder gut machen wollen. Sie zitterte noch immer. Instinktiv strich ich über ihr rotes Fell. Unvermittelt durchflutete mich ein Gefühl inniger Zuneigung zu diesem Stubentiger. Bella war plötzlich nicht mehr meine Feindin, sondern ein kleines hilfloses Geschöpf, was

Schutz suchte, Geborgenheit und Liebe. Das war eine neu gewonnene Erkenntnis, die mich selbst erstaunte. Ich strich ihr etwas unbeholfen über das zerzauste Fell und sofort begann Bella zu schnurren.

„Gesucht und gefunden!" meinte Susanne lachend, die leise ins Zimmer getreten war und uns in trauter Zweisamkeit erwischte. Ich erklärte ihr kurz, wo ich Bella gefunden hatte.

„Das ist der günstigste Zeitpunkt, um euer Kriegsbeil endgültig zu begraben!" meinte Susi.

xxx

Kurz darauf rief ich Tom an und erzählte ihm alles. Keine halbe Stunde später stand er vor Susannes Tür und schloss mich in seine Arme. Bella kuschelte sich zwischen uns und schleckte abwechselnd unsere Gesichter ab. Ich kicherte.

„Meine beiden Mädels! Endlich habe ich euch wieder!", sagte Tom zärtlich.

„Können wir drei es nicht noch einmal miteinander probieren?", wollte er wissen.

Meine Antwort war ein langer leidenschaftlicher Kuss für Tom und Bella schnurrte zufrieden.

Wo ist Paulchen?

Ich freute mich ungemein auf das bevorstehende Wochenende.
Letzte Woche hatte ich aus einer Laune heraus eine Wochenendreise an die Ostsee gebucht. Ein Wellnesswochenende für Pia und mich, einfach nur um einmal richtig zu relaxen und abzuschalten.
Noch hatte ich Pia nichts erzählt. Doch heute Abend würde ich sie damit überraschen.
Als ich von der Arbeit kam, duftete es herrlich nach Bratkartoffeln mit Speck. Meine erstandene Flasche portugiesischer Rotwein passte sicherlich perfekt zu diesem deftigem Mal. Pia stand am Herd, als ich eintrat, sie liebevoll von hinten umarmte und ihr ihren Nacken mit zärtlichen Küssen bedeckte.
Sogleich drehte sie sich zu mir herum und kuschelte sich in meine Arme.
„Da bist du ja endlich Schatz, ich habe eine Überraschung für dich!" begrüßte sie mich geheimnisvoll und küsste mich zärtlich.
„Was denn, du auch?" fragte ich erstaunt.
Sie sah mich verdutzt an, während ich die Flasche Rotwein auf den Küchentisch stellte, der schon liebevoll gedeckt war.
„Gibt es denn irgendetwas zu feiern?" wollte sie wissen.
Hintergründig lächelte ich.
„Du zuerst Süße! Schöne Damen haben bei mir immer den Vortritt!" erklärte ich und wartete gespannt darauf, dass Pia mit der Sprache herausrückte.

Pia sagte jedoch nichts, nahm stattdessen meine Hand und führte mich ins Wohnzimmer.

xxx

„Das ist Paul! Ist er nicht süß?" sagte Pia freudig erregt und wies auf das Sofa.

„Paul!" - mehr konnte ich nicht sagen. Es war tatsächlich eine Überraschung, jedoch keine erfreuliche für mich.

Sofort sprang Paul auf und kam langsam auf uns zu. Argwöhnisch betrachtete er mich. Pia nahm ihn auf den Arm, er schnurrte leise.

„Kannst du mir das ausführlicher erklären!" bat ich Pia. Begeistert schilderte sie mir in wenigen Worten, dass sie das Katerchen aus dem Katzenwurf ihrer Kollegin bekommen hatte. Er war drei Monate alt, ein sauberer verschmuster Maikater. Sie konnte einfach nicht widerstehen, als sie das schwarze Fellknäulchen sah, was ihr aus blauen Augen entgegen sah. So hatte sie Paul einfach mitgenommen. Auf dem Heimweg besorgte sie die nötigsten Utensilien für Paul, wie Katzenklo, Transportbox, Kratzbaum, Spielzeug und Futter.

Mein Schreibtisch am Fenster war Pauls neuem Quartier gewichen. Er stand nun in der dunkelsten Ecke des Wohnzimmers, während Paul eine herrliche Aussicht ins Grüne genoss. Ich war ein wenig gereizt angesichts dieser Tatsache.

„Und, was sagst du nun?" fragte Pia mich honigsüß.

Nichts konnte ich dazu sagen. Ich musste diese Sache erst einmal verdauen. Sicherlich sehnte sich Pia nach einem Lebewesen zum kuscheln und lieb haben, denn Kinder waren uns bisher verwehrt geblieben. Ich wusste nur zu genau, dass Pia mitunter recht einsam war. Ihr Halbtagsjob, als Verkäuferin in einer Boutique, ließ ihr zu viel

Freizeit, mit der sie nicht viel anzustellen wusste.

Katzen waren für mich seit jeher ein Gräuel. Der unerträgliche Gestank vom Katzenklo, die Katzenhaare, welche sich überall breit machten und hinzu kam noch, dass man stets gebunden war. Bisher hatte ich noch nie ein Wort darüber verloren, da es keinen Grund dafür gab. Doch nun gab es diesen. Er hieß Paul.

Dies war Anlass genug für mich, die Karten offen auf den Tisch zu legen und Pia meine Ansichten klar zu machen.

„Das ist doch Schwachsinn, Andy. Wann fahren wir denn schon einmal zusammen weg?", war das einzige Argument, welches sie hervor brachte.

Genau damit hatte Pia allerdings den Nagel auf den Kopf getroffen. Viel zu lange waren wir nicht mehr verreist. Einfach aus dem Grund, dass ich beruflich keine Atempause mehr hatte und ohne Kinder für mich ehedem keine Chance bestand, in der Hauptsaison Urlaub zu bekommen. Deswegen allerdings hatte ich die Idee mit dem Wellnesswochenende. Genau dass sagte ich Pia zwischen Tür und Angel, würdigte Paul keines Blickes und begab mich in die Küche, denn mein Magen rebellierte bereits.

xxx

Die Flasche Rotwein blieb vorerst ungeöffnet. Ich aß die Bratkartoffeln nur, weil ich Hunger hatte, mein Appetit hatte sich jedoch verflüchtigt. Pia nahm mir gegenüber Platz, stocherte ebenso lustlos auf ihrem Teller herum und warf mir ab und an fragende Blicke zu.

„Ich kann Paul doch übers Wochenende zu Katja bringen, Andreas. Das ist wirklich kein Problem. Deine Idee mit der Reise ist wirklich süß!", brach sie das unerträgliche Schweigen.

Ihr Vorschlag stimmte mich wieder milder.

„Du meinst, das geht so einfach?" hinterfragte ich zur Sicherheit.

„Aber natürlich. Katja hat mir angeboten, dass ich Paulchen jederzeit in ihre Obhut geben kann!", versicherte Pia und lächelte versöhnlich.

„Du siehst also, Schatz, es gibt wirklich keinen Grund auf diese wundervolle Wochenendreise zu verzichten!"

Ich seufzte erleichtert, entkorkte nun doch die Flasche Rotwein und schenkte uns ein.

xxx

Die zwei Tage im Wellnesshotel vergingen viel zu schnell. Pia und ich genossen die gemeinsame Zeit am Ostseestrand, entspannten bei einem ausgiebigen Beautyprogramm und tankten neue Energie. Abends sahen wir uns die herrlichen Sonnenuntergänge an, wanderten den Sandstrand entlang und liebten uns hingebungsvoll zwischen den Dünen oder im Hotelzimmer. Es war eine herrliche Zeit, viel zu kurz aber dafür intensiv. Ich verschwendete keinen Gedanken an unseren neuen Mitbewohner. Im Gegensatz zu Pia, die ich mehrmals dabei ertappte, wie sie mit Katja telefonierte und sich nach Pauls Befinden erkundigte. Doch ich wollte mir die zwei Tage nicht dadurch vermiesen lassen und ignorierte stillschweigend diese Telefongespräche.

xxx

Kaum waren wir wieder zu Hause angekommen, holte mich die Wirklichkeit gnadenlos ein. In der Firma ging es drunter und drüber. Ich war gefordert ohne Ende, schob gezwungenermaßen Überstunden und Pia widmete sich stattdessen hingebungsvoll Paul. Immer, wenn ich abgespannt nach Hause kam, trat sie mir entgegen, den schwarzen Kater im Arm, hauchte mir einen Kuss auf die Wange und erzählte enthusiastisch von Pauls Fortschritten. Sie fragte nicht mehr wie gewöhnlich, wie mein Tag in der Firma war, auch erzählte sie neuerdings nichts mehr über ihre Kundschaft. Sie streichelte den Kater mehr als mich. Sie schenkte ihm mehr Aufmerksamkeit als mir. Nachts teilte ich nicht mehr das große Bett mit Pia alleine, denn auf dem Kopfkissen in der Mitte zwischen uns schlummerte der schwarze Kater. Spontansex war einfach nicht mehr möglich. Die Katzenhaare auf dem Kopfkissen kitzelten in meiner Nase. Das laute Schnarchen des Katers raubte mir den nächtlichen Schlaf. Gespräche mit Pia nützen nichts, sie argumentierte stets dagegen. Es drehte sich alles nur noch um Paul und ich konnte es einfach nicht mehr hören.

Vor ein paar Tagen wollte ich Pia vor vollendete Tatsachen setzen. Entweder der Kater verschwand, oder ich. Vorerst packte ich mein Bettzeug und nächtigte im Wohnzimmer auf dem Sofa, um meiner Süßen zu demonstrieren, wie ernst es mir war. Pia versuchte mich umzustimmen, versprach mir, Paul aus dem Schlafzimmer zu verbannen. Doch ich blieb gnadenlos. Schließlich wollte ich ihr eine Lektion erteilen und diese musste sie lernen. Beleidigt zog sie einen Schmollmund und begab sich alleine ins eheliche Schlafgemach. Doch so einsam war sie nicht, im Gegensatz zu mir, denn Paul teilte schließlich das Bett mit ihr.

Am nächsten Abend sperrte sie Paul tatsächlich in den Flur. Sie redete ihm gut zu, legte ihm ein Leckerli in den Katzenkorb und widmete sich in der Nacht ausnahmslos meiner Wenigkeit. Pauls klägliches Miauen raubte mir zwar den letzten Nerv, doch hinderte ich Pia daran, diesem nachzugeben und ihn wieder ins Bett zu holen.

Am anderen Abend wiederholte Pia das Spiel erneut und diesmal verschonte uns Paul mit seinem nächtlichen Geschrei.

xxx

Wahrscheinlich sann das Katerchen auf Rache.
Als ich heute Morgen schlaftrunken ins Bad gehen wollte, rutschte ich auf etwas Schlierigem aus und landete unsanft auf meinem Allerwertesten. Fluchend schrie ich auf, rieb mir das schmerzende Hinterteil. Letzteres hätte ich lieber nicht tun sollen, denn ich hatte im wahrsten Sinne des Wortes voll in die Scheiße gegriffen.
„Du elender Satansbraten!" brüllte ich durch den Flur.
Paul kauerte in der hintersten Ecke, neben dem Garderobenständer und zitterte wie Espenlaub. Ich rappelte mich auf, ging auf ihn zu und sagte:
„Schau dir diese verdammte Sauerei an!"
Natürlich konnte er nicht verstehen, was mich so in Rage brachte, viel mehr fühlte er sich erst richtig in die Enge getrieben und von mir bedroht. So war es eigentlich kein Wunder, dass er nach mir ausholte und seine scharfen Krallen in das Fleisch meiner Hand jagte. Normalerweise bin ich kein wehleidiger Typ, doch der Schmerz war messerscharf und ich heulte kurz auf.
Paul fauchte und drückte sich so schnell es ging an mir vorbei.
Doch er kam nicht weit, denn ich hatte ihn sogleich eingeholt, packte ihm am Genick und hob ihn hoch.
„Na, Scheisserchen, was stellst du jetzt an?"
Zuerst versuchte er es noch mit einem bedrohlichen Fauchen, dann besann er sich recht schnell und begann stattdessen kläglich zu miauen.
Nur gut, dass Pia bereits zur Arbeit war sonst hätte sie diesen

schwarzen Kobold aus seiner Notlage befreit. Ich ließ ihn achtlos auf den Boden fallen. Er war ein Kater, ihm machte das nichts aus. Seine Landung war sanft und er nahm sofort Reißaus. Währenddessen lief ich ins Badezimmer und duschte ausgiebig.

Paul musste weg. Es ging nicht anders, schoss es mir durch den Kopf als ich die Katzenfäkalien von mir wusch und den intensiven Schmerz der Wunden spürte, welche Pauls scharfe Krallen verursacht hatten.

xxx

Ich schnappte den Einkaufszettel, welchen Pia mir hinterlassen hatte. Der Großmarkt lag direkt auf meinem Arbeitsweg, weshalb ich für die Einkäufe zuständig war.

Ich suchte nach dem schwarzen Teufel und entdeckte ihn unter dem Sofa.

Noch einmal wollte ich seine Krallen nicht zu spüren bekommen, aus diesem Grund holte ich die derben Lederhandschuhe aus der Schublade und schnappte mir damit das schwarze Bündel. Ich steckte Paul in den Einkaufskorb und klappte dessen Deckel zu. Inständig hoffte ich, keinem der Nachbarn im Treppenhaus zu begegnen, da ich somit in akuter Erklärungsnot gewesen wäre, denn Paul veranstaltete einen wahren Aufstand.

Zu meiner Erleichterung erreichte ich den Parkplatz jedoch ohne jegliche Zwischenfälle.

Ausnahmsweise nahm ich einen Umweg über die Landstraße und stoppte den Wagen in unmittelbarer Nähe eines Bauernhofes. Hier würde Paul mit Sicherheit gut aufgehoben sein, schlussfolgerte ich. Denn ich hätte es niemals übers Herz gebracht, ihn in der Wildnis auszusetzen.

So holte ich den Einkaufskorb vom Beifahrersitz und begab mich damit ins dichte Gestrüpp. Dort öffnete ich den Deckel, Paul sah mich aus großen Katzenaugen fragend an.

„Hier kannst du deine Spielchen treiben. Suche dir eine scharfe Mieze und gründe deine eigene Familie!" sprach ich ihm gut zu und packte ihn am Schlafittchen. Sofort setzte er sich in Bewegung, als ich ihn auf die Erde setzte und beobachtete mich aus sicherer Entfernung. Ich trat den Rückweg an, ohne ihn jedoch aus den Augen zu lassen. Erst als ich den Wagen startete und Paul noch immer im Dickicht sitzen sah, atmete ich erleichtert auf.

Den ganzen Nachmittag über erwartete ich Pias verzweifelten Anruf, doch dieser blieb zu meinem Erstaunen aus.

xxx

Nachdem ich nach Feierabend den Einkauf erledigt hatte, auch das von Pia notierte Katzenmenü mit in den Korb gepackt hatte, trat ich den Heimweg an. Ich konnte es jedoch nicht lassen und nahm erneut den Umweg über die Landstraße. An der Stelle, an welcher ich in den Morgenstunden Paul ausgesetzt hatte, hielt ich an und stieg aus. Ich ging um den Wagen herum, öffnete den Kofferraum und holte aus dem Einkaufskorb eine Dose Katzenfutter. Verhungern sollte der kleine Teufel schließlich auch nicht, falls er den Weg zum Bauernhof nicht sofort fand. Suchend begab ich mich mit dem Leckerli ins Gelände. Dann sah ich plötzlich ein schwarzes Fellknäuel wie leblos im Straßengraben liegen. Mein Herz setzte sekundenlang aus. Dass hatte ich wirklich nicht gewollt. Beklommen trat ich näher an die vermeintliche Katzenleiche heran. Doch just in diesem Moment öffnete Paul seine Augen, sah mich an und lief davon, noch bevor ich mich besinnen konnte.

Ich war tatsächlich nur froh darüber, dass Paul noch am Leben war.

Wohlgemut lief ich zum Wagen zurück, schloss den Kofferraum, stieg ein und startete den Motor.

xxx

Mit gemischten Gefühlen erklomm ich die Stufen, öffnete die Wohnungstür, ging in die Küche, um den Einkaufskorb abzustellen. Sogleich vernahm ich auch schon Pias Weinen.

Sie saß am Küchentisch, hob den Kopf als ich eintrat und sah mich aus rotgeweinten Augen an.

„Paul ist weg! Wo ist Paulchen?" schniefte sie.

Mir zog es das Herz zusammen. Sofort war ich bei Pia und nahm sie in den Arm.

„Ganz ruhig, Süße! Der Satansbraten kann schließlich nicht verschwunden sein!" versuchte ich sie halbherzig zu beruhigen.

Sie schmiegte sich sofort an mich und es fühlte sich so gut an.

„Ich habe aber schon überall nachgesehen. Paul ist weg!" sagte sie resigniert und schniefte erneut.

„Wir werden ihn schon finden, Süße. Weit kann er ja nicht sein!" versuchte ich Pia zu beruhigen. Doch mein schlechtes Gewissen gewann Oberhand.

„Hast du schon unter dem Bett nachgesehen?" fragte ich Pia.

Sie schüttelte verneinend den Kopf. Wir begaben uns ins Schlafzimmer. Dieses Spiel gefiel mir zwar nicht, doch ich musste es spielen, um authentisch zu wirken.

„Paulchen! Wo steckst du?" rief ich durch die Wohnung.

Pia meinte, es hätte keinen Zweck, sie hätte schon gerufen und überall nach ihm gesucht.

Plötzlich miaute es leise und Paul stand in voller Lebensgröße auf der Türschwelle. Ich traute meinen Augen kaum, das konnte doch einfach nicht möglich sein.

Pia war sofort bei ihm und schloss ihn überglücklich in die Arme.

„Na siehst du, er kann ja nicht abhanden kommen!" meinte ich lapidar und ging in die Küche, um die Einkäufe zu verstauen. Gedankenverlorenen verrichtete ich diese Aufgabe. Als ich jedoch ein aufgefetztes Katzenmenü im Einkaufskorb entdeckte, war mir alles klar. Dieser Schlingel war einfach ins Auto geschlüpft und hatte sich im Korb versteckt. Für diese Leistung zolle ich ihm vollen Respekt. Ob wir jemals wirklich Freunde werden, steht jedoch in den Sternen.

Ich muss mich wohl oder übel an den Gedanken gewöhnen, nicht mehr der alleinige Mittelpunkt in Pias Leben zu sein. Der Herr im Haus bin allerdings ich und genau das werde ich dem Kater schnellstens klar machen.

Wie die Katze zu ihrem Zuhause kam

Eines schönen Tages im Juni 2003 brach ich wie immer mit drei Kolleginnen in die Mittagspause auf. Plötzlich hörten wir ein klägliches Gemaunze ... während Frau Meier und Frau Müller ungerührt weitergingen, gingen Frau Schmitt und ich dem Geräusch nach und entdeckten im Gestrüpp ein dürres Fellbündel. Die kleine Katze hatte sich vollständig in den Ranken einer Wildrose verheddert und kam nicht vor und nicht zurück. Vorsichtig bogen wir die Zweige auseinander und schließlich konnte ich die kleine Katze hochheben. Oh je... sie war vollkommen zerzaust, deutlich abgemagert und über und über voller Zecken.
Was tun? Ich war ausgerechnet an dem Tag ohne Auto zur Arbeit gekommen, weshalb ich nicht direkt mit ihr zum Tierarzt konnte.
Also trug ich sie zu einer anderen Kollegin, einer mit Katzenerfahrung. Sabine war gleich ganz begeistert von dem Paket, das ich ihr da brachte. „Oh, das ist ja eine Glückskatze", strahlte sie. Sie fütterte das Tierchen mit Butterbroten, die mit einem vegetarischen Aufstrich belegt waren. Das war das erste und letzte Mal, dass ich diese Katze etwas ohne Fleisch habe fressen sehen, so ausgehungert war die Arme!
Sabine und ich machten so früh, wie es nur ging, Feierabend und fuhren gemeinsam zum Tierarzt. Zum Glück war die Katze soweit in Ordnung und nach der Untersuchung konnten wir dann zu Sabine nach Hause fahren, denn es war klar: sie wollte die Katze behalten, da sie selber eine ältere Katze hatte.
Dann aber nahm das Schicksal seinen Lauf: die kleine Findelkatze

stürzte sich fauchend auf die alteingesessene und trieb sie in die hinterste Ecke eines Regals, wo sie zitternd hocken blieb. Nein, so ging das nicht mit der kleinen Rabaukin. Na, ob ich sie denn nicht haben wollte, fragte Sabine. Ein kurzes Beratungstelefonat mit meinem Mann und die Sache war erst mal gebongt. Musste nur noch die Vermieterin mitspielen.

„Nun muss die Kleine aber mal einen Namen bekommen", meinte Sabine, als wir mit Katze und Futter und Katzenstreu im Gepäck bei mir ankamen. Ich erinnerte mich an Sabines begeisterten Ausruf früher am Tag, es handele sich um eine Glückskatze – so werden dreifarbige Katzen genannt und diese war besonders hübsch, wie ich fand. Ich musste also nicht lange überlegen, bis ich auf den Namen Jossy kam.

Vor ein paar Jahren hatte ich das Buch „Noble House Hongkong" von James Clavell gelesen und dort wurde immer von Joss als Synonym für Glück geredet. Noch ein weiches „y" drangehängt und schon hatte die Katze ihren Namen weg.

Zum Glück hatten weder unsere damaligen, noch unsere jetzigen Vermieter etwas gegen die Katzenhaltung und so ist Jossy jetzt schon seit mehr als acht Jahren unsere Mitbewohnerin.

Ich glaube ja, wir haben es ganz gut miteinander getroffen. Gerade liegt sie neben mir und schaut ganz neugierig, was ich hier tippe... und habe ich sie gerade wirklich bestätigend nicken gesehen?

Philosophische Betrachtungen

Sonntagmorgen war Besuch der Kindermesse angesagt. Zwecks positiver Veränderungen meines Outfits, klemmte Mutti noch einmal die Träger meiner Jeans fester. Sie zähmte ein letztes Mal etwaige widerspenstige Haare mit der Zopfspange. Jacke an, dann ging es los. Munter im Zockeltrab hopste ich an Mutters Hand Richtung Kirche. Ich freute mich auf die Messe, liebte ich doch den Geruch von Weihrauch und natürlich den kleinen Jesusknaben, der eigentlich ein weibliches Christkind war und im Sommer geboren wurde. Wieso? Das fragte ich mich längst nicht mehr, wusste ich doch inzwischen: bei Gottes Familie war eben alles möglich.
In der Kirche angekommen huschte ich in eine Bankreihe zu den anderen Kindern, die mit den Füßen auf der Kniebank rumorten, um sich die Zeit zu vertreiben.
Sollte ich heute artiges Kind spielen?
Ich drehte mich um, warf einen vorsichtigen Blick auf meine Mutti, zwei Bankreihen hinter mir. Bevor ich mich entscheiden musste, kam der Pfarrer mit den Ministranten rein. Unter lautem Gebimmel umrundeten sie den Altar, wobei sie sich wie die Japaner mehrfach verneigten. Endlich begann die Messe, später kam die Predigt dazu.
Der Pfarrer erzählte was von Gottvater, der alles, was kreuchte und fleuchte auf Erden, liebte. Zur besseren Anschauung blätterte ich in meinem Kindergebetbuch mit den hübschen bunten Bildchen.
Der weißhaarige Alte mit dem langen Wallebart sah ja recht lieb aus. Doch, dass dieser schmächtige Krümel das ganze Weltall

zusammenhalten sollte, ging mir nicht in den Kopf. Andererseits, hatte das ja anscheinend bis heute ganz gut geklappt. Ich betrachtete den Wallebart. Darin mussten sich Manna und das Göttergetränk, ich glaube Aphrodisiakum heißt es, ordentlich verfangen. Auch nicht gerade appetitlich. Andererseits, ich besah mir die dicken Pausbackenengel, die neben Gott auf den Wolken schwebten, wahrscheinlich waren die für seine Hygiene zuständig. Mussten schließlich auch was zu tun haben, außer Harfe spielen und Wolken schieben.

Noch etwas bereitete mir Kopfzerbrechen; wie kam der Mann nur zu dem komischen Namen ‚Gott'. Die Himmlischen hätten sich auch was Hübscheres ausdenken können, z.B. Weltalllenker oder Planetenarchitekt.

Apropos Planeten! Wo in Gottes Namen haben die da oben im Himmel bloß alle Platz? Schließlich umschwirren Gottvater neun Planeten nebst ihren Satelliten, sämtlichen Heiligen und den weniger Heiligen, sowie jede Menge Verstorbene. Himmel, die Heerscharen von Engeln hätte ich bald in meiner Aufzählung vergessen.

Ich stöhnte verzweifelt auf. Dort oben musste es ja langsam ziemlich eng werden. Ich sah förmlich die drohende Überbevölkerung des Universums auf Gott und seine Heiligen zukommen. Ich roch das Feuer aus den Düsen von Raketen und Satelliten, die an Gottes Nase vorüberzischten. Gott, war das ein Durcheinander!

Stellt euch vor, meine Mutti erklärte mir vor einigen Wochen: „Das Weltall mit den Sternen, nennt man Kosmos. Das ist griechisch und heißt auf Deutsch Ordnung!"

Also Leute, da muss mir tatsächlich etwas Wichtiges entgangen sein!

Gehhilfe

"Die", "der" sowie "und" sind laut Internetlexikon Wikipedia die häufigsten Worte der Deutschen (der Wortschatz eines Durchschnittsbürgers wird auf rund 70.000 Wörter geschätzt); seitdem ich auf einen Stock angewiesen bin, steht bei mir aber ein ganz anderes Wort auf einem Spitzenplatz!
Früher hatten mich viele Leute für betrunken gehalten (ich habe nach einer Nervenentzündung starke Gleichgewichtsstörungen, schwanke also beim Gehen), das hat sich mit meiner sogenannten Gehhilfe total geändert. Zwar bin ich im Zug oder in der Straßenbahn weiterhin oft von Naturdeoträgern umgeben, fremde Leute (meist sind es Jugendliche oder Ausländer) bieten mir jedoch einen Platz an oder wollen mir beim Ein- und Aussteigen helfen. Allerdings schwingt in ihren Stimmen meistens ein Gefühl mit, das ich überhaupt nicht ausstehen kann. Mitleid.
Als ich auf den Bürgersteigen von Köln meine ersten (hilflosen) Gehversuche mit dem neuen Stock gemacht hatte, war eine verdammt attraktive Zahnspangenträgerin direkt auf mich zugekommen. Mein Herz hatte mir bis zum Hals geklopft. "Müssen Sie irgendwo hin?", hatte sie gefragt, "oder soll ich Ihnen etwas besorgen?" Na ja, ich hatte den Kopf geschüttelt, mein Zahnpastalächeln gezeigt und eine dramaturgische Pause eingelegt, in der ich genießerisch mein Kaugummi kaute: "Nicht nötig. In ein paar Tagen geht es schon besser." Dann hatte sie ein Geräusch gemacht, das ich als "Hoffentlich" interpretierte.

Der freundliche Toilettenmann in der Kölner Neumarktgalerie sagte ein paar Tage später nur: "Sie müssen hier nichts zahlen!" Ich warf ihm einen fragenden Blick zu, er nickte nur bestätigend.
Kurz danach sprach mich ein älterer Mann im Eiscafé an: "Wissen Sie, wo hier eine Apotheke ist?" Ich konnte ihm helfen. Nach ein paar Minuten kam er zurück, und eine Falte kräuselte seine Lippen, als er an meinem Tisch stehenblieb und mein Lieblingswort sagte:
  "Danke".
Willkommen im Club!
Alf Rolla

Das kann ich gut nachvollziehen. Auch wenn ich für jede Hilfe natürlich dankbar bin, mag ich es nicht mehr aussprechen, aber um so lieber hören. Ich bin auf fremde Hilfe angewiesen und könnte ohne diese mein Leben nicht mehr leben. "Danke" - ich bekomme schon Fusseln am Mund, wenn ich an dieses Wort denke.
Aber ist es nicht Vogelgezwitscher in den Ohren, wenn man es nicht aus dem eigenen Mund hört und weiß, es gebührt einem selbst?
Ein sehr schöner Beitrag, der zum Nachdenken anregt. Danke !!
Forum: menschen-mit-behinderung.info   19.10.2009

Selbsthilfe

Diese Geschichte trug sich kurz nach dem Zweiten Weltkrieg zu. Damals hatten wir eine mehr als dürftige Zeit, denn unser Geld war wertlos. Die Schaufenster gähnten uns mit hämischem Lachen leer und trostlos an und wir mussten sehen, woher wir etwas bekamen, ohne zu stehlen. Allerorten spross der Notbehelfs- und Experimentiergeist, trieb die wunderlichsten Blüten, machte aus allen Leuten Erfinder. Auch aus den Kochtöpfen entstiegen die gewagtesten Kompositionen, falls es gerade Strom gab. Die Rezepturen waren abenteuerlich, undenkbar, dass in heutiger Zeit jemand diese Notbehelfsdelikatessen nachkochen würde.
Allem Möglichen wurde eine neue Verwendung zugedacht. Zum Beispiel entstanden aus Mullbinden aparte Pullis, aus Babywindeln und Vorhängen entwickelte sich Haute Couture, aus jedweden Resten wurden irgendwelche unkäuflichen Dinge. Aus fast nichts kamen Köstlichkeiten auf den Tisch und notgedrungen wurde mit allem improvisiert. Einfach aus allem irgendwie Brauchbaren wurde etwas irgendwie Brauchbares hergestellt.
Die neueste Errungenschaft damals war der Tauschring. Alles, was an Kleidung nicht unbedingt benötigt wurde, konnte dort abgegeben werden, wofür es dann mehr oder weniger Punkte gab. Unglaublich, welche Raritäten dort zu finden waren. Als Highlights galten natürlich Kleidung und Schuhe. Aber auch Haushaltsartikel aller Art waren sehr begehrt, ebenso Werkzeuge und Schreibartikel. Hüte, Pelze oder Musikinstrumente sowie Noten, Bücher und Kunst erwiesen sich als sogenannte Tauschringhüter. Für diese Letzteren

konnten nur wenige Punkte ergattert werden, denn die Nachfrage hielt sich in Grenzen. Aber das war ja klar, am meisten brachten selbstverständlich lebensnotwendige Artikel. Auf Kunst und so war unter den gegebenen Umständen am leichtesten zu verzichten. Weshalb sie ja auch zum Tauschring wanderten.

Hatten sich dann endlich nach einiger Zeit genügend Punkte angesammelt, durfte sich der jeweilige Glückliche aus den – wunderbaren - Sachen, die es dort gab, etwas aussuchen.

Das war aber auch die einzige Möglichkeit etwas – Neues – zu bekommen.

Es wurde hemmungslos hin und her getauscht, in so einer Art - unheilbarer Tauschrauschsucht. Sie bemächtigte sich fortschreitend der erwachsenen Leute.

Kinder durften nicht tauschen, diese wurden allgemein für unfähig gehalten.

Meine damals zehnjährige Schwester Renate ließ sich letztendlich ebenso von dem grassierenden, unheimlichen Tauschfieber anstecken und eröffnete notgedrungen ihren eigenen Tauschhandel.

Es ging aber auch ungerecht zu. Wo alle Welt bei diesem Tauschring umtauschte, was nicht niet- und nagelfest war, mussten sich die Kinder mit Zusehen begnügen. Das gefiel ihnen verständlicherweise nicht. Somit ergriffen die verschmähten Tauschgenies eben die Initiative und machten untereinander heimlich das Gleiche wie alle Erwachsenen. Selbst ist das Kind, war ihre einzige Chance.

Nun galt es nur noch, tauschwürdige Objekte zu finden. Gerade zur richtigen Zeit hatte unsere Mutter in diesen Tagen mühsam ihrer Tochter Renate, aus aufgeribbelten Garnresten, einen neuen Pullover gestrickt. Mutti freute sich mächtig, ihr Kind so hübsch angezogen zu sehen, denn es war ein ganz besonders schönes Kleidungsstück geworden.

Aber irgendwie hatte sie wohl mit der Zeit die Übersicht verloren, was bei vier Töchtern kein Wunder war. Mutti bemerkte nicht, dass der neue Pullover plötzlich fehlte.

Allerdings staunte sie nicht schlecht, als eben dieses gute Teil an einem fremden Kind auf der Straße spazieren ging. Da diese Kreation aber ein Einzelstück war, kam absolut kein Zweifel darüber auf, dass dort Renates neuer Pullover ausgeführt wurde.

Unsere Mutter konnte es kaum glauben. Jedoch dauerte Ihre Verwunderung nicht lange, denn es dämmerte ihr in voller Klarheit. Sie erkannte, wie das geschehen konnte. Ihr liebes Töchterchen hatte getauscht, es hatte sich am Tauschfieber angesteckt. Allerdings konnte sich unsere Mutter kein bisschen Begeisterung über die Aktivitäten ihrer Tochter abringen. Weshalb sie sich ihre liebe Tochter sofort vorknöpfte, als sie von der Schule nach Hause kam.

Renate konnte nicht leugnen, ja, sie versuchte es nicht einmal, denn die Beweise waren erdrückend. Voller Reue beichtete sie ihr schändliches Vergehen und gelobte Besserung. Doch was war es, das Renate so erstrebenswert gefunden hatte, dass sie sogar ihren neuen Pulli dafür hergab?

Das musste unsere Mutter bei dem weiteren unerbittlichen Verhör dann erfahren. Ihr liebes Töchterchen tauschte eines schönen Tages ihr kostbares einmaliges Kleidungsstück gegen die von ihr heiß begehrten drei Bücher mit alten Filmprogrammen ein. Es waren doch so schöne Bilder von Filmstars darin abgebildet, da konnte sie nicht widerstehen.

Rückgängig wollte Mutti den Tausch nicht machen, denn sie hätte damit die Glaubwürdigkeit ihrer Tochter untergraben. Nur eine gehörige Standpauke musste Renate über sich ergehen lassen.

Die Bücher? Diese drei Bücher waren professionell in Leinen gebunden und sahen wirklich begehrenswert aus. Allerdings reichlich nutzlos in der damaligen Zeit, denn was sollten Filmprogramme, wenn es kaum etwas zu essen und nichts anzuziehen gab.

Heute, in unseren Wohlstandszeiten wäre diese Rarität eine ganze Menge wert, aber es gibt sie leider nicht mehr. Sie sind den Weg alles Irdischen gegangen.

Allerdings war Renates Tauschfieber damit nicht völlig ausgestanden. Sie hatte einen Rückfall bekommen, wie es bei schweren Krankheiten manchmal vorkommen kann. Denn bei einer anderen Gelegenheit tauschte meine holde Schwester ihren schönen Puppenwagen gegen ein Brot ein, das sie jedoch großzügig uns allen zur Verfügung stellte.

Wenigstens hatte sie sich den Gegebenheiten angepasst und Luxusgüter in etwas Wichtigeres getauscht anstatt anders herum.

Dieses unselige Tauschfieber war eben eine schwere Krankheit, die sich nicht einfach, so ohne weiteres, heilen ließ.

Und es stimmte ja auch: „Wenn der Hunger plagt, gibt es nichts Wichtigeres, als etwas zu essen.

Die Filmprogramme konnte leider keiner essen, aber Brot schon. „Brot geht vor Luxus", wie zum Beispiel ein Puppenwagen.

Berufswahl

Wer als kleiner Junge davon träumt, einmal böse Buben zu jagen, will natürlich – keine Frage – Polizist werden. Mädchen, für die das Spielen mit Haustieren das Größte ist, wollen einmal den Beruf der Tierärztin ergreifen – alles wie gehabt also? Wenn es doch so einfach wäre: Wer einmal dem Eisenbahner bei der Arbeit über die Schulter geschaut hat, hat nichts anderes im Sinn, als – ehrlich, da werden Sie jetzt nie drauf kommen – Journalist zu werden.
Ehrlich. Das ist kein Witz.
Denn manchmal, ja, manchmal, aber natürlich nicht immer, spielt das Leben schon mal eine ganz andere Melodie, als es das Klischee will.
Zusammen mit meinem Freund Lothar und meinem Großneffen Walter – oder war Walter gar nicht mein Großneffe? Hmmh. Seine Großmutter war doch die Schwester meiner Oma ... Auch egal! - also, wir Eisenbahnliebhaber besichtigten ein damals hochmodernes Gleisbildstellwerk der Bahn. Gut 40 Jahre ist das jetzt her. Das Besondere an diesem Stellwerk war, dass hier die Weichen nicht mehr einzeln gestellt wurden, sondern (sehr laienhaft formuliert) hier gab der Mann im Stellwerk nur den Anfang und das Ende der Zugstrecke in seinem Bereich (in diesem Fall Bochum-Langendreer) per Knopfdruck ein, die Weichen und die Signale wurden vollautomatisch von irgendwelchen Relais gestellt. Oder so ähnlich.
Diese Technik begeisterte Lothar und Walter, ich dagegen hielt sie für technischen Schnickschnack, der mich schnell langweilte. Es war zum Mäusemelken.

Gar nicht langweilig fand ich dagegen die Arbeit eines Mannes, der an einem Schreibtisch in der Ecke saß: Er machte die Durchsagen, die auf allen vier Bahnsteigen zu hören waren. Und seine Stimme klang wie die von – na? - Camillo von Radio Luxemburg: Ohne jetzt dem freundlichen Eisenbahner zu nahe treten zu wollen. Er war erkennbar nicht der Camillo von Radio Luxemburg – nein, ganz im Gegenteil: Puddingbauch, Hornbrille, schütteres Haar ... Aber das war mir schnurzpiepegal. Denn er hatte ein Mikrofon vor sich, genau wie der Camillo von Radio Luxemburg.

In Null Komma nichts stand ich neben dem Camillo von der Bundesbahn. Und im nächsten Augenblick fragte er mich mit seiner sonoren Stimme: "Na, willst du auch mal was sagen, ja?"

Ich biss mir auf die Lippe, um nicht vor Freude loszubrüllen. "Ich, äh - ich weiß nicht, wie", stotterte ich dann herum, wie das Jungen nun mal so tun, klar, wenn für sie Camillo von Radio Luxemburg das große Idol ist.

Ihm schwante nichts Böses, als er sagte: "Das machst du schon."

Und dann stand die Zeit für mich still.

"Bochum-Langendreer, hier ist ... Langendreer", klang kurz danach eine Kinderstimme über die Bahnsteige. Nach einer kurzen Pause flutschte es wie von selbst: "Wichtig für alle Reisende: Nach Herne Hauptbahnhof bitte hier umsteigen." Ja, der neue Job schwitzte pures Adrenalin aus. Ganz kurz schloss ich die Augen und spürte den Presslufthammer in meinem Oberkörper auf Hochdruck arbeiten. Ich musste mich immer wieder zwingen, tief ein- und auszuatmen. Doch mein Herzschlag wollte sich einfach nicht beruhigen.

Camillo von der Bundesbahn zwang sich ein mattes Lächeln ab.

"Hmmh", sagte er dann, und es klang ein wenig, als täte es ihm

jetzt schon leid.
Ich schenkte dem frischgeputzten Fußboden meine Aufmerksamkeit.
Einerseits machte es mich stolz, endlich ein Kollege von Camillo von Radio Luxemburg zu sein. Andererseits gab es - streng genommen – das eine oder andere an meiner Ansage auszusetzen: Ich hatte selbst in meinen Ohren viel zu hektisch gesprochen. Außerdem: Es gab damals in Herne gar keinen "Hauptbahnhof", nur einen "Bahnhof", der auch so hieß. Und genau das war den Eisenbahnern bekannt: Wir mussten ganz schnell das Stellwerk verlassen!
Und auf dem Heimweg nach Herne nahmen wir uns vor: Die Eisenbahn ist für uns erledigt ...

Papi guck mal!

Meine Tochter ist fünf Jahre alt. Ich kenne sie erst etwa ein halbes Jahr. Aber um nichts in der Welt gebe ich sie wieder her!
Um zu verstehen, wie ein Tag bei uns abläuft, muss man wissen, wie meine bessere Hälfte und ich arbeiten. Wir gehen NICHT wie andere morgens aus dem Haus, um irgendwo zu stempeln, am Band zu stehen oder ins Büro zu fahren (wie ich es bis vor einiger Zeit noch gemacht habe). Wir arbeiten von zuhause aus. Meine Frau ist Verlegerin bzw. Schriftstellerin; ich selber bin Musiker - ich texte, komponiere, arrangiere - gut, ich singe auch. Auf jeden Fall verbringen wir in der Regel - sofern keine Auftritte oder andere Außentermine dazwischen kommen - vierundzwanzig Stunden des Tages zusammen. Das hat zur Folge, dass den gesamten Tag auch der Rest der Familie um uns herumwuselt. Da ist die große Zehnjährige, die gerne die absolut selbstbewusste heraushängen lässt und in Wirklichkeit noch auf der Suche nach sich selber ist. Dann ist da der achtjährige, introvertierte Bursche, der uns komplett im Griff hat und bei den wenigen Worten, die er spricht, doch immer durchblicken lässt, dass er sehr genau weiß, WIE er uns mit einem Lächeln auf den Lippen zur Weißglut bringen kann.
Und schließlich ist SIE auch noch da: Fünf Jahre alt, bildhübsch und stets ein spitzbübisches Lächeln im Gesicht. Sie KANN so wunderschön bocken, wenn ihr mal etwas nicht passt. Sie KANN sich in diese kindlichen Tränen hineinsteigern und weiß hundertprozentig, dass unser Beschützerinstinkt schon geweckt wird wenn sie nur mal ein winziges Tränchen vergießt. Und sie ist ein

kleiner Kriegstreiber - SIE ist es, um die sich alles auf dieser Welt dreht. Aber mal ehrlich - waren wir nicht genauso? Ich kenne sie erst seit etwas über einem halben Jahr. Denn sie war nicht immer meine Tochter. Rechtlich gesehen ist sie es auch nicht - noch nicht. Nur eines habe ich mittlerweile in den paar Monaten begriffen. Wenn ich mich nicht in ihre Mutter verliebt hätte, ich die Kleine aber eher kennengelernt - dann wäre SIE mit Sicherheit der Anlass gewesen, ihre Mutter näher kennenzulernen.

Sie schafft es jeden Tag, mich schier in den Wahnsinn zu treiben. Sie hat nur Blödsinn im Kopf - gut, sie ist, wie gesagt, fünf und da kann man noch nicht so viel Logik erwarten, wie ich meine. Andererseits ist es schon verblüffend, mit welcher Selbstverständlichkeit sie über meine gut gemeinten Straf- und Erziehungsmaßnahmen hinweggeht. Fernsehverbot? Na gut. Papa muss man nur mal lieb anschauen und knuddeln und er macht es rückgängig. Hausarrest? Klare Lösung: Wir ziehen uns ins Kinderzimmer zurück, dann schreien und weinen wir, was das Zeug hält. Spätestens nach zehn Minuten ist Papa da und sagt: "Komm mal her, Kleine!",... da schaut man ihn dann schmollend an und weigert sich sogar ein paar Sekunden auf den Arm genommen zu werden. Papa hat dann ein schlechtes Gewissen und macht mir sogar einen Kakao...

Sechs Uhr morgens
... das Grauen ist blond...

Wie bereits erwähnt: Wir haben keine geregelten Arbeitszeiten. Ein Tag, respektive eine Nacht, kann auch schon mal bis um zwei, drei Uhr morgens dauern - dann ist in der Regel bei uns Großen in der

Familie Schlafenszeit angesagt. Mit viel Glück schaffen wir es abends bis neun, halb zehn, die Kinder ruhig zu haben. Ab und an, wenn es zu lang dauert bis die ewigen Diskussionen um „Wer liegt oben im Etagenbett" oder „Das ist meine Puppe und Du bist doof" beendet sind, kommt mir schon mal der Gedanke, doch auf den Rat eines guten Freundes von mir zu hören und mir ein Betäubungsgewehr zuzulegen.

Andererseits - wenn ich richtig wütend werde und den Kindern dann drohe: „Noch ein Wort und ich mach' Euch den Hallervorden", schauen sie mich verständnislos an. Also was soll's.... Wir MÜSSEN morgens ab sechs wach und sprungbereit sein. Denn spätestens um HALB sechs sind die Kinder schon auf den Beinen und die ersten Zickereien unter den Mädchen sind angesagt. Dabei ist mein kleiner blonder Engel ganz klar die Herausragende und ist bereits zur Morgenstund so etwas von energiegeladen, dass es unmöglich ist, noch eine halbe Stunde Schlaf draufzulegen.

„Mami, darf ich den Fernseher anmachen?"

„Nein. Guck mal auf die Uhr."

„Ooohhh ... schade ..."

Eine Minute später...

„Papi, machst Du mir heute einen Kakao?"

„Mal sehen. Wenn Du artig bist, vielleicht…"

„Gestern hast Du gesagt, Du machst mir einen!"

„Ja. Das war bevor Du versucht hast, die Katze in den Schrank zu sperren…"

„Aber sie wollte das so! Sie hat das gesagt!"

„Klar hat sie das. Dann hat sie Dir sicher auch erzählt, dass sie es nicht so gut findet, wenn Du ihr statt Katzenleckerchen lieber Deine übrig gelassenen Kellogs geben wolltest??"

„Ich kann ihr ja heute was von meinem Eis abgeben..."

„Welches Eis?"

„Ich bekomm' doch heute Geld für den Eismann?"

„Süsse, so oft wie ich Dir Geld für den Eismann gebe, müsste der mich als Anteilseigner in seiner Firma akzeptieren..."

„Papi, was ist ein Anteilseigner??"

„So etwas wie die Mami hier. Dafür, dass sie Euch ernährt, Eure Wäsche wäscht und Eure Zimmer aufräumt - was Ihr im Übrigen nicht schafft - hat sie das Recht, sich regelmäßig mit den Nachbarn zu streiten, weil ihr mal wieder zu laut wart...."

„Aber ich hab den Fernseher doch ganz leise gemacht..."

„Fernseher?? Es ist viertel nach sechs...
BRITTAAAAAAAAAAAAAA..."

Wie gesagt... diese Art Diskussionen nach dem Aufstehen VOR der zweiten Tasse Kaffee sind in der Regel schwierig, um nicht zu sagen: können tödlich sein. Gut, dass ich meine Blutdrucktabletten noch gefunden habe, bevor sie der Katze anstelle von Knabberherzchen mit Käsegeschmack gegeben wurden....

Von Acht bis etwa fünfzehn Uhr
...sollte normales Arbeiten möglich sein...

Wer nun meint, dass der Zeitpunkt, ab dem zwei Kinder der Schulpflichten wegen aus dem Haus sind, ideal sei um nun unseren mehr oder weniger kreativen Tätigkeiten nachzugehen, der wiederum sei eines Besseren belehrt.
„Papi, darf ich rausgehen?"
„Klar. Auf den Spielplatz hinterm Haus?"
„Ach, ich guck mal. Lea wollte auch raus. Aber ich muss meine beiden Plüschtiere mitnehmen."
„Warum? Was willst Du mit denen?"
„Die müssen lernen, an der Leine zu laufen. Du hast mir doch eine Leine gemacht. Die aus Gessenkband."
Zur Info. Das war kein Schreib-, sondern ein Sprachfehler meiner Tochter. Sie kann kein "SCH" aussprechen. Noch nicht...
„Ok. Also, deine Plüschtiere müssen an die Leine. Dann hol mal das Band und eine Ssere."
Sprachfehler stecken bekanntlich an...
Das Kind bekommt also seine Leinen und geht stolz mit den beiden Plüschtieren aus der Wohnung. Ruhe. Ich setze mich an den PC und höre leise in ein Arrangement rein, das ich in den letzten Tagen gemacht habe. Die Streicher könnten etwas dezenter sein. Also....
RRRING - Türklingel. Ich gehe zur Sprechanlage.
„Ja?"
„Papi, lass mich mal bitte rein."
Sie kommt hoch, ich öffne die Tür.
„Klo, Klo, Klo..."

Ich sehe nur, wie ein 110cm großes blondes Etwas an mir vorbeirennt und ins Gästeklo hechtet.

„Sag mal", frage ich, „musstest Du nicht schon vor zwei Minuten, als Du rausgegangen bist?"

„Doch, hab ich aber vergessen!"

Gut, ich vergesse ja auch ab und an etwas, also von daher.... Und weg ist sie wieder. Ich setze mich wieder an den PC und ...RRRING - Türklingel. Gegensprechanlage.

„Ja???"

„Papi, ich muss mich umziehen!!"

„Warum das nun?"

„Es ist zu warm. Ich brauche einen Rock, keine Hose."

Ich fange an zu schnaufen. Wieder drücke ich den Türöffner, wieder ist sie nach zwei Minuten oben, wieder lasse ich sie herein. Ich frage vorsichtig:

„Ist das alles? Oder brauchst Du sonst noch etwas??"

„Nein, jetzt habe ich alles. Hab Dich liehiiiib!!!!"

„Ich dich auch!" antworte ich und denke so bei mir: *„An Fußpilz kann man sich auch gewöhnen..."*

Kaffee. Ich brauche jetzt unbedingt einen Kaffee. Also ab in die Küche und... RRRING - Türklingel.

„JA???? WAS IST???"

„Papi, ich hab Dich lieb!"

„Schön. Ich Dich auch. Sag mal, wann warst Du eigentlich das letzte Mal im Keller?"

„Mit Mama, als wir das Spielzeug aus den Kisten geholt haben!"

„Gut. Hat sie Dir gesagt, dass man da unten auch hervorragend schlafen kann?"

„PAPA!!!"
Vorwurfsvoll kommt ihre Stimme bei mir an.
„Du sollst mich doch nicht auf den Arm nehmen!"
„In Ordnung", antworte ich. „Aber BITTE klingel jetzt nur, wenn es wichtig ist, ok?"
„Ja, versprochen", kommt zur Antwort. Und weg ist sie... Der Kaffee ist nun fertig und er duftet ganz wunderbar. Ich setze mich wieder an den PC und überlege. Lieber die klassischen Streicher oder besser doch den Discosound? RRRING - Türklingel!!!!! Ich springe auf, verschütte den Kaffee auf meinem Schreibtisch, fluche und renne zur Tür.
Folgender Dialog an der Gegensprechanlage:
„Himmelherrgottsakrakruzitürken - was zum Kuckuck ist denn nun schon wieder???? Kannst Du diese dämliche Klingelei nicht einfach lassen??? Ich krieg hier noch die Pimpernellen!!!!" Ich bekomme zur Antwort:
„Gut... ich kann das Einschreiben auch wieder mitnehmen. Sie können es dann an der Post abholen...."

Abendruh, Äuglein zu.... Geschafft???
Wir mit Sicherheit...

Die Kinder sind nun so gegen zwanzig Uhr soweit, dass wir sie ins Bett verfrachten können. Nach den Spielstunden draußen auf dem Hof bzw. dem Spielplatz haben wir sie als erstes gekärchert.
Für alle, die damit nichts anfangen können, hier ein Tipp: Schauen Sie doch mal bei Google oder Wikipedia unter dem Begriff "Kärcher" nach.

Die festen Bestandteile der Muttererde, welche die Kinder mit nach oben gebracht haben, waren eigentlich relativ leicht abzuklopfen; der Duschvorgang im Anschluss hat dieses Mal geklappt, ohne dass der Nachbar aus der Wohnung unter uns sich über fließendes Deckenwasser beschwert hat. Man kann ja auch mal Glück haben...
Die üblichen Diskussionen am Abendbrottisch haben wir heute hinter uns gebracht, ohne dass ich wieder eine Extraportion Blutdrucksenker nehmen musste.

„Ich mag keinen Rotkohl", „Was ist das grüne Zeug da in der Soße" oder „Warum muss ich die Kartoffel ohne Schale essen" waren heute nur nebensächlich, auch gab es keine Kollateralschäden zu beklagen, als unsere Katze wie üblich sich ganz selbstverständlich an den Tisch setzte und ihre rechte Tatze auf denselben legte, um uns zu sagen, dass sie auch noch ein Stück vom Gulasch möchte. Nein - Petersilie sieht zwar aus wie Gras - ist es aber nicht. Wer das einmal begriffen hat, kann sogar auch über den Geschmack urteilen, NACHDEM er es probiert hat.

Die Kinder sind im Bett. Wir haben allen Dreien „Gute Nacht" gesagt und HOFFEN nun auf einen möglichst ruhigen Abend. Fehlanzeige. Nach fünf Minuten kommt das erste Kind und muss aufs Klo. Das zweite ist im Schlepptau und nimmt auf dem Rückweg noch schnell ein großes Glas zu trinken mit. Das dritte - meine kleine Süße - braucht nun noch ziemlich exakt drei Minuten, um mit einem Wahnsinnsgeschrei mich zu ihr hinzuzitieren.

„PAPPPIIII!!!!!" Ich renne los weil ich der Meinung bin, sie sei schwer verletzt - wer weiß, was in einem Kinderzimmer sich für üble Gestalten aufhalten, die die Kinder des Abends triezen?? Sicher ist sicher, also los zur Stätte des Horrors und....

„Papi... du, die Katze will bei mir im Bett schlafen!" Ich gucke sie entgeistert an.
„Und??? Was soll ich nun machen?"
„Nimm sie mit!! Ich will das nicht!"
Ok. Wir haben zwei Möglichkeiten. Nein, drei. Erstens: Die Kinderzimmertür bleibt auf und die Katze drin. Zweitens: Die Türe wird verschlossen und die Katze bleibt draußen. Drittens: Die Kinder schlafen auf dem Balkon. Dafür ist es aber noch nicht warm genug. Also gebe ich meiner Süßen einen dicken Kuss auf die Stirn und verspreche ihr, heute Abend Wache zu halten. Ich werde zwar nicht viel komponieren können, aber ich liebe meine Tochter. Und wenn ich irgendwann mal einen Song über sie schreibe, seid Ihr die ersten, die ihn zu hören bekommen.

24 Stunden

Wenn ich mir das so richtig überlege, habe ich saumäßiges Glück gehabt. Es hätte auch alles noch viel schlimmer kommen können. Von meinem Auto einmal abgesehen, haben alle die seltsamen Ereignisse in den Nächten vom Donnerstag auf Freitag und von Freitag auf Samstag ohne Folgen, die dauerhaft wären, gut überstanden. Abgesehen von der Tatsache, dass sich mein Verhältnis zu Katzen erheblich verändert hat.

Meine Freundin hatte mich eingeladen und das ging nie ganz ohne Alkohol vonstatten. Sie meinte: „Du hast doch sowieso nichts Besseres zu tun - jetzt wo Du wieder mal solo bist, stirbst du sowieso an Langeweile." Das mit dem „wieder mal" hätte sie sich ruhig sparen können. So etwas finde ich taktlos, streut es doch gerade noch mehr Salz in meine klaffende Wunde. Wir kennen uns schon ziemlich lange und verstehen uns wirklich gut. Was nicht immer vorauszusetzen ist, wenn man bedenkt, dass sie eine Finnin ist. Aber das tut nichts zu Sache. Die Fahrt am Donnerstagabend verlief ohne große Komplikationen, sieht man mal von dem üblichen Autobahnchaos ab. Der Abend war gemütlich, wir tranken ein paar Gläschen Rotwein, aber es artete nicht in den üblichen Alkoholmissbrauch bei diesem Treffen aus. Keine alkoholischen Exzesse mehr! Das hatten wir uns geschworen. Und wir hielten uns tatsächlich daran. Ganz ehrlich, ich hatte nur drei Gläser getrunken. Sicherlich war es unklug, mit dem Wagen nach Hause zu fahren, aber betrunken war ich wirklich nicht. „Lass doch die alte Karre stehen und übernachte hier." Die blöde Kuh hatte wahrhaftig „alte

Karre" zu meinem Auto gesagt. Ich sah es ihr großmütig nach. Noch nicht einmal 15 Jahre alt war das Wunderwerk aus Blech und verkehrssicher war es ohnehin. Schließlich kam es aus *Gottes eigener Firma*. Wir sind zwar nicht mehr die Jüngsten, aber auf Touren kommen wir allemal, pflegte ich immer zu sagen, wenn irgendjemand an meinem Schmuckstück herum mäkelte.

Hätte ich auf meine Freundin gehört, wäre mir vielleicht einiges erspart geblieben. Hatte ich aber nicht und so war ich frühmorgens auf fast leerer Autobahn unterwegs in Richtung Heimat. Es muss gegen vier Uhr gewesen sein - die Uhrzeit weiß ich nicht mehr so genau -, aber spätestens viertel nach vier bin ich die Abfahrt rausgefahren. Ich musste hundert Kilometer fahren, was eigentlich kein Problem darstellte, aber in diese Nacht war alles anders. Das sollte ich jedoch erst später merken. Es fing kurze Zeit darauf ziemlich stark an zu regnen. Ich bin diese Strecke schon oft gefahren und in der Regel benötigte ich eine gute Stunde, aber eben nur normalerweise.

Auf dieser Straße war nie viel los und um diese Uhrzeit schon mal gar nicht. Der Mond stand hoch am Himmel und schien ungewöhnlich hell. Doch jetzt, nachdem der Regen einsetzt hatte, wurde es dunkler. Ich kannte die Ortschaften auf dieser Strecke gut und musste mich deshalb nicht besonders konzentrieren, doch als ich zuhause ankam, war ich froh und wollte gleich ins Bett kriechen. Ich sah auf die Uhr vor mir am Armaturenbrett. Sie musste stehengeblieben sein, denn sie zeigte erst halb fünf. Kaum eine Viertelstunde war demnach vergangen. Mehr aber nicht. Mit der Uhr stimmte etwas nicht. Das konnte auf keinen Fall stimmen. Doch auch meine Uhren in der Wohnung zeigten - bis auf unbedeutende

Abweichungen - die gleiche Uhrzeit an.

Meine Freundin und ich hatten ausgemacht, dass ich sie noch anrufe, sobald ich zu Hause war. Das tat ich nun auch. Es dauerte ziemlich lange, bis sie sich meldete.

„Also, ich bin zu Hause, meine allerliebste Finnin. Sag mal, wie spät ist es bei dir eigentlich?"

„Hör mal, spinnst du eigentlich? Du hast ja Nerven, sag mal! Wo zum Henker hast du dich nur rumgetrieben? Ist irgendwas passiert?" Sie hörte gar nicht auf zu meckern und redete und redete.

„Du hattest doch versprochen, mich sofort anzurufen. Ich telefoniere mich schon dumm und dusselig, und keine Sau geht ans Telefon. Langsam habe ich mir Sorgen gemacht. Ehrlich."

„Jetzt hol mal Luft, sonst bekommst du noch Schnappatmung. Was soll denn schon passiert sein? Du spinnst doch, oder hast du die andere Flasche doch noch leer gemacht?"

„Ich? Natürlich nicht. Wofür hältst Du mich?"

„ Für eine Saufziege, durstige finnische Frau!"

„Hör´ jetzt auf mit dem Scheiß! Wo hast du dich die ganze Zeit rumgetrieben?"

„Verdammt, wovon redest du? Welche ganze Zeit denn? Ich bin auf geradem Weg nach Hause gefahren."

„Irgendwas oder irgendwer tickt hier nicht richtig und das kannst nur du sein. In welcher Ecke hast du denn gepennt und deinen Rausch ausgeschlafen? So lange und so fest kann doch kein zivilisierter Mensch schlafen."

„So, jetzt blicke ich nicht mehr durch. Wieso schlafen, ich bin gerade angekommen und es ist doch erst halb fünf...jedenfalls auf meinen Uhren. Und das kann irgendwie nicht stimmen!"

„Doch schon, aber weißt du, was für ein Tag heute ist?"
„Na, Donnerstag - Quatsch, Freitag früh, halb fünf. Du machst mich schon ganz irre."
„Verarschen kann ich mich auch selber, weißt Du. Natürlich haben wir heute Samstag, deshalb bin ich ja so besorgt."
„Das reicht jetzt....Du kannst mich mal...", und schmiss mein tragbares Telefon auf mein Bett.
Ich dachte noch darüber nach, was sie wohl geritten hatte, dieses Spielchen mit mir zu treiben, und bereitete mich auf das Schlafengehen vor. Im Anschluss vergewisserte ich mich, dass meine Armbanduhr das richtige Datum anzeigte: es war Freitag, der 27.November. Mittlerweile fünf Uhr vierzig. Aus reiner Gewohnheit schaute ich auf meinen Funkwecker, der neben meinem Bett stand und traute meinen Augen nicht. Dieses gottverdammte Ding zeigte tatsächlich den 28. November an. Das gibt es doch nicht. So betrunken war ich nun wirklich nicht. Ich war am Donnerstagabend nach Münster zu meiner Freundin gefahren. Da bin ich mir wirklich sicher. Nun kann man allerdings ebenfalls davon ausgehen, dass Funkuhren einigermaßen genau gehen – verdammt, darauf sollte man sich verlassen können.
Ich war mit einem Schlag so was von nüchtern. Wenn meine Finnin nicht gesponnen hatte und mein Wecker das richtige Datum anzeigte, ist irgendwas oberfaul. Aber was?
Ich zog mich wieder an und ging noch einmal zum Auto hinunter. Warum, kann ich nicht mehr genau sagen. Es regnete noch immer in Strömen. Etwas weniger vielleicht als vorher, aber nach ein paar Minuten war ich völlig durchnässt. Das Auto aber nicht. Es war staubtrocken, als hätte es keinen Tropfen abbekommen. Es regnete

wie verrückt, nur über meinem alten Auto herrschte absolute Trockenheit. Kein Tropfen fiel vom Himmel, nichts. Ich berührte das Blech und hatte fast Angst, es könnte etwas passieren. Ich hatte fürchterlich weiche Knie und war richtig erschrocken. Mein heiß geliebtes Auto fühlte sich an, als wenn es stundenlang in der prallen Sonne gestanden hätte. Das war der Moment, wo ich mich fragte, ob ich den Verstand verloren hatte. Konnte man von einem Moment auf den anderen verrückt werden?
Spontan beschloss ich für mich: Nein, so schnell verliert man nicht den Verstand und ich schon gar nicht. Ich war schon immer eine sehr rational denkende Frau, die nur das für real hielt, was sie im Sinne des Wortes *begreifen* konnte.
Aber hier passierte etwas, dass ich nicht einordnen konnte. Verdammt - wieso war das Auto so aufgeheizt? Über die Tatsache, dass der Wagen weit und breit auf dem einzigen trocknen Punkt stand, quasi wie unter einem übergroßen Regenschirm, machte ich mir zu diesem Zeitpunkt nur kurzfristig Gedanken. Ich überlegte, ob es so etwas wie Wolkenlöcher gab, die bedingten, punktuell trockene Flächen zu hinterlassen. Doch vielmehr beschäftigte mich die Frage, was mit meinem metallischen Freund passiert sein mochte. Ich schloss die Wagentür auf und setzte mich, klitschnass wie ich war, hinein. Schon beim Einsteigen kam mir die heiße Luft entgegen - im Wageninneren war es so heiß, wie in Ägypten zur Mittagszeit. Ich machte die Innenbeleuchtung an und fuhr die Seitenscheiben nach unten, damit ein Luftaustausch stattfand und ich verdammt noch mal atmen konnte. Bei genauerer Betrachtung des Wageninneren stellte ich keine Besonderheiten fest: alles war so wie immer und doch fühlte ich, dass etwas Ungewöhnliches

passierte und ich war ein Teil davon. Mitten in meine Grübeleien hinein nahm ich ein leises Geräusch wahr. Es kam direkt aus dem Fußraum hinter dem Beifahrersitz. Absurderweise glaubte ich ein leises Gähnen zu hören und sofort stellten sich die kleinen Härchen im Nacken hoch, meine Muskeln versteiften sich und meine Finger zitterten unwillkürlich. Ich weiß nicht, wie lange ich so dagesessen hatte – unfähig, mich zu bewegen. Ich glaube, ich hatte sogar vergessen zu atmen, denn irgendwann schnappte ich nach Luft, wie ein Fisch an Land. Nachdem sich meine Lungen wieder beruhigt hatten, drehte ich mich auf meinem Sitz zu Seite und schob meinen Kopf vorsichtig hinter die Lehne, um nachzuschauen, was sich dort im Fußraum befand; dabei sprang mir mein Herz fast aus der Brust.
Im ersten Moment sah ich nichts, denn es war ziemlich dunkel dort unten. Aber plötzlich bewegte ES sich, erhob sich langsam aus dem Dunkel heraus und dann schaute ich in zwei leuchtend blaue Katzenaugen.
Ich beruhigte mich nur für einen kurzen Moment, denn schon stellte sich mir die nächste Frage: Wie kam das Tier in mein Auto? Und so wie ich es dachte, sprach ich es auch laut aus. Die Katze sah mich jetzt sehr direkt an. Wenn ich es jetzt so beschreibe, trifft es das nicht mal im Ansatz. In Wirklichkeit war es fast wie Hypnose - ich konnte gar nicht anders, als in die Augen dieser Katze schauen. Und noch etwas passierte dabei. Etwas, dass mir sowieso keiner glauben würde und ich es niemals laut sagen würde, weil ich sonst über einen längeren Zeitraum die Gastfreundschaft der psychiatrischen Abteilung genießen dürfte. In meinem Kopf formten sich Gedanken. Absurde Gedanken, aus dem Nichts heraus, die mich veranlassten, mich wieder nach vorn umzudrehen und still sitzen zu bleiben. Ich

wartete, gegen meinen Willen.

Mir kam in diesen Momenten nicht in den Sinn, den Stubentiger anzusprechen, oder die Hand nach ihm auszustrecken. Nichts von alledem, was eigentlich normal gewesen wäre. Unter anderen Umständen hätte ich so etwas gesagt wie: Hey, Mieze... was machst du denn hier? Und wahrscheinlich hätte ich auch sofort versucht, das Ding zu streicheln.

Das Tier sprang auf die Rückbank und dann neben mich auf den Beifahrersitz, setzte sich auf die Hinterpfoten und schaute mich von der Seite an. Wieder dieser Zwang, der Katze in die Augen zu blicken und schon formten sich weitere Gedanken - mein Hirn reagierte wie eine Empfangsstation. Etwas ging von dem Tier aus. Eine unglaubliche mentale Kraft schien mit mir zu kommunizieren und zwang mich, zu handeln. Aber ich saß nur da, irgendwie in einem tranceähnlichen Zustand und reagierte auf etwas und durch etwas, dass mir nicht einmal Angst machte. In mir breitete sich eine große bleierne Ruhe aus - ja, anders konnte ich es nicht ausdrücken.

Ohne zu überlegen steckte ich den Schlüssel in das Zündschloss, startete den Wagen und fuhr los. Ich hatte keine Ahnung, wohin ich fuhr und dennoch lenkten meine Hände das Steuer...

Während ich den Wagen in Richtung Ortausgang lenkte, ohne bewusst Einfluss darauf nehmen zu können, rollte sich mein tierischer Begleiter auf dem Beifahrersitz zusammen und machte einen völlig unbeteiligten Eindruck. Ich hatte fast den Eindruck, als würde mich die Katze ignorieren. Es war absolut still im Wageninneren, nur mein angestrengtes Atmen war überdeutlich zu hören. Draußen wurde es langsam hell. Der Tag dämmerte und bald würde die Sonne aufgehen. Ich fuhr mit meiner sonderbaren Fracht über Landstraßen, an Felder und Wiesen vorbei, die jetzt einen unwirklichen Eindruck auf mich machten. Wir fuhren noch eine ganze Weile so über Land und ich fühlte mich in meinem tranceartigen Zustand wie in einer mir nicht unbekannten Traumsequenz. Diese Situation hatte ich schon so oft im Traum erlebt - immer und immer wieder fuhr ich in einer regnerischen Nacht über unwirklich menschenleere Landstraßen, absolute bedrückende Stille um mich herum, bis ich irgendwann an einem großem Waldstück mit meinem Gefährt einbog und es zwischen den Bäume hindurch lenkte … und dann wachte ich abrupt auf. Wieso überraschte es mich nicht, jetzt diese Sequenz zu durchleben? Nichts konnte mich in dieser Nacht aus der Fassung bringen. Es war unwirklich und doch wusste ich genau, dass es mir jetzt passierte. Die Katze neben mir bewegte sich endlich. Sie setzte sich kerzengerade hin und schaute aus dem Seitenfenster. Mein Blick folgte ihr und eigentlich hätte ich gar nicht hinaus schauen müssen, denn ich wusste, was ich dort zu sehen bekam. Hinter den Feldern erstreckte sich ein riesiges Waldstück und mir war intuitiv bewusst, dass uns unser Weg genau dort hinführen würde. Die Katze drehte in diesem Moment den Kopf zu mir, sah mich mit ihren hypnotischen blauen Augen direkt an und ich dachte die aufgezwungenen Gedanken, empfing die Signale aus dem Katzenhirn neben mir. Meine Hände lenkten den Wagen auf einen Feldweg, der direkt zum Wald führte, bog dann rechts ab und fuhr langsam den holprigen Forstweg entlang. Normalerweise wachte ich jetzt auf, aber nichts passierte. Es war also kein Traum! Am Ende des Weges sah ich eine große Lichtung oder Wiese. Plötzlich durchfuhr mich ein stechender Kopfschmerz und ein glasklarer Gedanke schrie förmlich in mir: *

Anhalten, sofort!* Ich latschte mit aller Macht auf die Bremse und vergaß dabei sogar, das Kupplungspedal zu treten. Mit einem heftigen ruckelnden Satz kam das Auto zum Stehen.

Ohne nachzudenken stieg ich aus meinem Wagen, ging wie ferngesteuert um ihn herum und öffnete die Beifahrertür. Der Regen hatte fast aufgehört. Die Katze sprang mir direkt vor die Füße, lief ein paar Schritte vor und blieb dann stehen. Sie drehte sich zu mir um, schaute mir in die Augen und ich setzte mich in Bewegung, ohne jeglichen Widerstand ging ich auf sie zu. Die Autotür blieb offen stehen, aber es kümmerte mich nicht. Als ich bei dem Tier angekommen war, drehte es den Kopf nach vorn, der Lichtung entgegen und wir gingen Seite an Seite den Rest des Weges, bis der Wald endete. Jetzt hatte ich freien Blick auf die Fläche, die sich meinen Augen bot und nichts hätte mich auf das vorbereiten können, was ich dort sah.

Ich wollte stehen bleiben, nichts in der Welt hätte mich auch nur einen Schritt weiter gehen lassen
- aber verdammt noch mal – ich konnte nicht. Ich trottete wie ein Roboter neben dem Katzentier, oder was immer es war, her. Wir steuerten schnurgerade auf dieses überdimensional metallische Ding zu, das sich in der Mitte der Lichtung befand. Es sah irgendwie aus wie ein riesiger flacher Hamburger, der da im Gras lag.

Mein Herz hämmerte wie verrückt in meiner Brust und ich war schweißgebadet. Ich glaube, ich hatte noch nie so große Angst wie in diesen Minuten - ein komisches Gemisch an Gefühlen braute sich in mir zusammen und dennoch verlor ich nicht im Ansatz die Nerven, was eigentlich unter diesen Umständen hätte passieren müssen. Diese mentale Ruhe, die ich schon die ganze Zeit spürte, half mir, nicht ohnmächtig zu werden und der Länge nach in den Dreck zu schlagen. Wir waren jetzt etwa zwanzig Meter von dem Ding entfernt, als die Katze plötzlich stehen blieb und mir mit einem Blick zu verstehen gab, dass ich hier warten sollte.

Es öffnete sich eine Art Tunnel an dem Hamburger, so etwas wie eine Rampe erschien und aus dem Inneren leuchtete es irgendwie grünlich. Und wieder gingen wir gemeinsam weiter, diese Rampe hinauf, durch den Tunnel, der gewisse Ähnlichkeit mit einer Gangway auf Flughäfen hatte und standen plötzlich in einem riesigen runden Raum, quasi einer Kuppel, denn ich konnte über mir den Sternenhimmel sehen. Dieses sonderbare Licht durchströmte den ganzen Raum, ohne dass ich irgendeine Lichtquelle ausmachen konnte. Es war einfach da.

Hinter mir hörte ich einen leisen, pfeifenden Ton und wusste intuitiv, dass sich die Tür zur Außenwelt geschlossen hatte. Zu meiner Welt. Was zum Teufel machte ich hier? Die Katze hatte sich inzwischen vor mich aufgebaut, legte den Kopf ein wenig schief und schaute mich an. Diese hypnotischen Augen ließen mich nicht los und in meinem Kopf erschien ein Satz: *Warte hier, es wird dir nichts geschehen*. Dann drehte sie sich um und lief auf die vor mir liegende Wand zu. Ich nahm an, dass sich jetzt gleich wieder ein Tunnel oder so etwas auftun würde, aber nichts dergleichen geschah. Es sah so aus, als wenn die Katze einen Abhang hinunter gehen würde, denn Sekunden später war sie verschwunden. Da stand ich nun mitten in einem leeren Raum, angefüllt mit grünem Licht und konnte mich nicht entschließen, auch nur einen weiteren Schritt zu wagen. Ich schaute mich um. Es wirkte kalt, aber es war nicht kalt hier drinnen. Zum ersten Mal nahm ich die Details um mich herum wahr. Nein, ich

fror nicht. Ein seltsames Summen konnte ich hören, aber nicht orten, es war irgendwie überall. Mein Herz schlug langsamer und ich wollte mich nun doch einmal umsehen, ging an den Punkt, wo ich das Tier zuletzt gesehen hatte und stellte nur fest, dass dort nichts war. Keine Treppe, keine Rampe, kein Tunnel, nur glatter metallischer Boden. Mit meiner Hand berührte ich die Wand und war seltsam überrascht. Sie war sehr warm; so wie meine Heizung im Winter, aber das wirklich Seltsame war, dass sie sich anfühlte wie Samt. Ganz weich, ohne wirklich weich zu sein. Fast so, als wenn man eine Schlange streichelte. Es war ein wirklich schönes Gefühl und ich fuhr mit der flachen Hand noch ein paar Mal darüber.
Plötzlich veränderte sich die Farbe des Lichtes und der Raum war jetzt in ein dunkles Blau getaucht. Irritiert und zu Tode erschrocken zog ich meine Hand zurück. In der Glaskuppel bewegte sich jetzt der Sternenhimmel und spiegelte sich auf dem Boden wieder. Ich schaute gebannt zu, wie sich Sternenkonstellationen formierten und wieder auflösten. Ein faszinierender Moment, den ich nur mit zauberhaft schön beschreiben kann, obwohl es das nicht im Ansatz traf. Ich weiß nicht, wie lange ich so dagestanden hatte, denn plötzlich spürte ich etwas hinter meinem Rücken. Als ich mich ganz langsam umdrehte, schaute ich direkt in ein paar hypnotisch blaue Augen. Vor mir stand ein unglaublich gutaussehender junger Mann, ein Typ zum Niederknien, der mich anlächelte, mich bei der Hand nahm und durch den Tunnel nach draußen führte. Auf der Rampe blieb er stehen, legte mir ein kleines pyramidenähnliches, durchsichtiges Teil in die Hand und lächelte wieder auf eine seltsam beruhigende Art. Sein Blick hielt den meinen gefangen und auf einmal hatte ich auf fast alle meine Fragen eine Antwort. Ich war in

eine Raum-Zeit-Anomalie geraten, ausgelöst durch ein hochfrequentes elektromagnetisches Wellenfeld extremer Energiedichte, dass bei der Landung des Flugkörpers entstanden war. Dabei bekam mein Auto sozusagen einen Schutzschild verpasst. Allerdings war es nicht geplant gewesen, dass ein Mensch etwas von ihrer Anwesenheit erfuhr. Aber leider hatte mich das Energiefeld erwischt, was eine Zeitverschiebung zur Folge hatte, die unweigerlich damit verbunden war. Um diesem Umstand zu korrigieren, suchte er mich auf. Er legte seinen Kopf ein wenig schräg, lächelte mich an und ich nickte nur sprachlos. Dann drehte er sich um und ging zurück...

Ich wachte auf und saß wie trunken im Bett. Mensch, was hatte ich für einen Mist geträumt - so einen wirren Traum hatte ich schon lange nicht mehr. Ich sollte tatsächlich den Alkohol mal für eine Weile aus dem Kopf lassen. Mein Blick ging zum Radiowecker, der mir anzeigte, dass es Samstag, der 28. November war, mittlerweile nach fünfzehn Uhr. Verdammt, es wurde Zeit für mich endlich den Hintern aus dem Bett zu hieven, sonst ist der Tag rum. Ich sprang unter die Dusche und zog mich an, nahm meine Jacke von der Garderobe, tastete in der Tasche nach meinem Autoschlüssel und ging die Treppe hinunter. Vor dem Haus stehend, griff ich nach dem Autoschlüssel, um gleich die Wagentür aufschließen zu können und hatte stattdessen etwas Seltsames in meiner Hand. Es war ein durchsichtiges Prisma in Form einer Pyramide. Ein ganz seltsames Gefühl beschlich mich und ließ meine Knie weich werden. Für einen kurzen Moment musste ich mich an die Hauswand lehnen, sonst wäre ich umgekippt. Es war also kein Traum gewesen? Geistesabwesend rieb ich das Prima zwischen meinen Händen und auf einmal leuchtete es in einer hellgrünen Farbe. Verwundert drehte ich dieses strahlende Etwas in meinen Fingern und aus dem Inneren der Pyramide schauten mich zwei hypnotisch blaue Katzenaugen an...

Der rote Kater

Zwischen dem 4. und 20. Juni, also kurz vor der Sommersonnenwende, kann es einige kühlere Tage geben – die Schafskälte. Feuchte und kühle Luft strömt aus dem Norden auf das europäische Festland und die Temperaturen können sinken. Manchmal um bis zu zehn Grad.

Bis vor wenigen Jahren hatten wir Schafe, manchmal acht, manchmal zehn Muttertiere, die regelmäßig in jedem Jahr mindestens zehn Lämmer, oft auch zwölf oder fünfzehn, zur Welt brachten. So mussten wir im Sommer eine kleine Herde betreuen und hatten im Winter an manchem Wochenende einen leckeren Braten auf dem Mittagstisch.

Selbstverständlich wurden die Muttertiere von mir selbst geschoren, ich holte mir dazu keine fremden Leute auf die Wiese. Diese Schur fand immer nach der Schafskälte statt. Denn die plötzliche Kälte Anfang Juni kann für soeben erst geschorene Tiere mitunter tödlich sein – sie erkälten sich. Keinem Menschen würde es einfallen, bei kühlerem Wetter ohne Pullover aus dem Haus zu gehen. Und die Wolle ist der Pullover eines Schafes.

Ich bat also auch in jenem Jahr meinen Freund darum, mir, wie immer, bei der Schur der Schafe behilflich zu sein. Die Tiere sind während aller der Dinge, die wider ihren gewohnten Lebensrhythmus, also fressen, dösen, wiederkauen, fressen, usw., stattfinden, sehr aufgeregt. Deshalb habe ich es als besser empfunden und es hatte sich bewährt, die Schur auch zu zweit vorzunehmen: Einer hält das Tier, der andere schneidet die Wolle.

Am zeitigen Vormittag eines Tages, der nur Sonnenschein erahnen ließ, fuhren wir zur Wiese, erledigten die notwendigen Vorbereitungen und trieben anschließend die Tiere in ein kleines Gatter.

Sollte der unwissende Laie der Meinung sein, ein Schaf zu scheren ist eine saubere Arbeit, dann irrt derjenige sehr. Dreck und Schmutz eines ganzen langen Schafjahres befinden sich in der Wolle, die zudem noch sehr fettig ist. Dieses Fett, das Wollwachs wird auch als Lanolin bezeichnet und findet Verwendung bei der Herstellung kosmetischer und pharmazeutischer Produkte. Was hier nur so nebenbei und zum besseren Verständnis erwähnt sei.

Bereits nachdem zwei Tiere geschoren waren, hatte ich eine Schicht des Lanolin auf meinen Unterarmen, selbstverständlich mit dem beigemengten Schmutz und Dreck.

Nachdem alle Tiere ihrer Wolle entledigt waren, befand sich sehr viel Wollfett nun allerdings auch auf meinem Hemd und der Hose. Und nicht nur auf meinen Unterarmen, von denen inzwischen Wollfett, vermengt mit Schmutz, tröpfelte.

Damals, vor vielen Jahren, habe ich die Schafhaltung aus Spaß betrieben. Mein Geld verdiente ich zu einem nicht unerheblichen Teil durch den Verkauf von mir gemalter Bilder und gedruckter Grafiken in meiner Galerie. Diese Ausstellung war im Seitenflügel unseres Hauses eingerichtet.

Im Dorf zu wohnen und dann auch noch auf einem ausreichend großen Grundstück, bedeutet mit einer nicht näher zu definierenden Selbstverständlichkeit, dass sich, woher und warum auch immer, Tiere im Haus einfinden. Zuerst sind das in der Regel Mäuse, denen eine Katze folgt. Manchmal auch zwei oder drei Katzen. Dann wollte unsere Tochter auch einen Hund haben... Aber die Einquartierung eines Pferdes konnten wir gerade noch verhindern... Irgendwann bekamen auch wir einen rothaarigen Kater geschenkt, der unverzüglich nach seiner Ankunft und der darauf folgenden Eingewöhnung in unser Haus, begann, den Mäusebestand zu reduzieren. Und das sehr zur Freude meiner Frau!

Während mein Freund und ich unseren Schafen die Wolle abnahmen, betreute meine Frau die Galerie, denn kunstinteressierten Besuchern ist es egal, ob des Malers Schafe geschoren werden müssen. Sie erwarten eine geöffnete Galerie.

So auch an jenem Sonnabend, als wir noch Schafe hatten, die an diesem Tag geschoren wurden.

Als wir unsere Arbeit auf der Wiese beendet hatten, meinte mein Freund:

„Wir sollten, bevor wir nach Hause fahren, ein oder auch zwei Bier und dazu Schäfermeister im Krog, jetzt nach der Arbeit, trinken!"

„Wenn du meinst!", antwortete ich.

„Ja, das meine ich!"

„Na, gut! Aber keine Kneipensitzung, bitte! Zwei Bier und zwei Kräutermeister jeweils für dich und für mich!"

„Schäfermeister!", korrigierte mich mein Freund, „Schäfermeister, bitte!"

„Abgemacht!"

Wir packten das Werkzeug und die Wolle in das Auto und fuhren ins Dorf, auf direktem Weg zum Krog.

Wie nicht anders zu erwarten, meinte mein Freund nach einer Weile:

„Eigentlich sind ja aller guten Dinge drei!"

„Du meinst, wir sollten noch Bier und Kräuterschnaps trinken?"
„Ja!"
„Nein!", entgegnete ich, „wir nicht. Und du tust das nur begleitet von meinem Protest. Wir hatten zwei und zwei verabredet!"
Aber meine Einwände verhallten ungehört, mein Freund bestellte, nun nur für sich, Bier und Kräuterschnaps und versprach mir, in weniger als zwanzig Minuten werden wir den gastlichen Hof verlassen, „Leider!", wie er ergänzend hinzufügte.
Bevor wir unser Haus am Dorfrand erreichten, konnte ich bereits von der Straße sehen, es war Besuch da, sicher in der Ausstellung.
Ich stellte das Auto ab und bat meinen Freund, das Werkzeug und die Wolle zu entladen, denn es interessierte mich, wer den Weg in die Galerie gefunden hatte, um sich meine Bilder anzuschauen.
Die Fenster der Galerie waren weit geöffnet und ich hörte die Stimme meiner Frau, die den Gästen meine Bilder erklärte, als sie unterbrochen wurde:
„Ist denn der Künstler nicht anwesend?"
In diesem Moment sah mich meine Frau am Haus vorbeigehen und sagte:
„Mein Mann kommt soeben!"
Ich lehnte mich in das Fenster und sah nun, zwei Frauen waren die Besucher in der Galerie.
Man sagt, die ersten Sekunden einer Begegnung mit einem fremden Menschen sind sehr bedeutend für den weiteren Verlauf dieses Treffens.
Als ich an diesem Tag durch das Fenster in die Galerie blickte, sah ich zwei weibliche Wesen, die weder hübsch noch, wie sich sehr schnell herausstellte, interessant waren. Wie es meine Frau mit

zufriedenem Blick feststellte.

Ich bin ein leidenschaftlicher Verehrer interessanter Menschen. Ist dieser Mensch eine Frau, zudem noch mit einem ansprechenden Äußeren, dann kann ich verstehen, wenn meine Frau mir gegenüber manchmal eigenartig wird. Eifersüchtig ist sie nicht. Lediglich von einem Augenblick auf den anderen mir gegenüber sehr reserviert.

Jedoch, die beiden Besucherinnen stolzierten unsicher auf zu hohen Schuhen von einem Bild zum anderen, äußerten vermeintlich sachlich fundierte Meinungen und plapperten doch nur dummes Geschwätz mit dazu aufgesetzter naiv-wichtiger Mine.

Ich merkte sofort, diese beiden Frauen, sich zudem gegenseitig lobend und hofierend, hatten nicht im geringsten die Absicht, auch nur fünf Exlibris zu erwerben.

Nicht nur meiner Frau waren die beiden Gäste äußerst unsympathisch, so dass sie sehr schnell die Galerie verlassen hatte. Auch ich hielt es nicht für nötig, in die Ausstellung zu gehen, als eine der beiden Besucherinnen mich fragte:

„Könnten Sie dieses Bild bitte einmal von der Wand nehmen?"

„Gern. Aber nur dann, wenn Sie sich noch einige Minuten gedulden! Ich habe unsere Schafe geschoren und muss mich waschen, bevor ich die Bilder berühre!"

„Was?", sprach eine der Frauen mit schriller Stimme, „Sie haben Schafe geschoren und empfangen uns in Arbeitskleidung? Womöglich auch noch schmutzig und übel riechend?"

„Ja!", erwiderte ich sehr ruhig und sprach weiter:

„Die Schafe sind mein Ausgleich zum Malen! Und empfangen hat Sie meine Frau!"

Die beiden Frauen starrten mich ungewöhnlich lange an, während ich aus dem Augenwinkel beobachtete, wie sich unser Kater auf die sonnenbeschienene Haustürschwelle legte. Vermutlich wollte er dort sein Mittagsschläfchen halten...

„Und nach Bier und Schnaps riecht der auch noch!", hörte ich die kleinere der beiden Frauen flüstern.

Nachdem beide Besucherinnen, sich dabei gegenseitig anspornend und anstiftend, über mich und die Tatsache, dass ich von der Schafweide in die Galerie komme, empört hatten, sagte die Eine zu der Anderen:

„Komm' wir gehen!"

Mit synchronen Bewegungen ihrer Hüften stolperten beide auf den zu hohen Schuhen zum Hauseingang, wo unser roter Kater quer auf der Schwelle lag.

Beide Frauen sahen das Tier, stutzten und blieben im Flur stehen.

„Könnten Sie die Katze wegnehmen?", fragten mich beide beinahe gleichzeitig.

„Nö! Der tut Ihnen nichts!", antwortete ich.

Und die Katze machte nicht die geringsten Anstalten, ihren Platz zu räumen...

So blieb beiden Frauen nichts anderes übrig, als über den Kater einen Schritt zu machen, um unser Haus zu verlassen.

Genau das taten die beiden dann nach einigem Zögern auch und nachdem sie sich gegenseitig Mut zugesprochen hatten.

Unser roter Kater öffnete genau in dem Augenblick, als beide, übrigens mit viel zu kurzen und engen Röcken bekleidet, über dem Tier waren, das eine Auge und blinzelte verschlafen.